は　し　が　き

　平成 29 年 3 月に告示された中学校学習指導要領が，令和 3 年度から全面実施されます。

　今回の学習指導要領では，各教科等の目標及び内容が，育成を目指す資質・能力の三つの柱（「知識及び技能」，「思考力，判断力，表現力等」，「学びに向かう力，人間性等」）に沿って再整理され，各教科等でどのような資質・能力の育成を目指すのかが明確化されました。これにより，教師が「子供たちにどのような力が身に付いたか」という学習の成果を的確に捉え，主体的・対話的で深い学びの視点からの授業改善を図る，いわゆる「指導と評価の一体化」が実現されやすくなることが期待されます。

　また，子供たちや学校，地域の実態を適切に把握した上で教育課程を編成し，学校全体で教育活動の質の向上を図る「カリキュラム・マネジメント」についても明文化されました。カリキュラム・マネジメントの一側面として，「教育課程の実施状況を評価してその改善を図っていくこと」がありますが，このためには，教育課程を編成・実施し，学習評価を行い，学習評価を基に教育課程の改善・充実を図るというPDCAサイクルを確立することが重要です。このことも，まさに「指導と評価の一体化」のための取組と言えます。

　このように，「指導と評価の一体化」の必要性は，今回の学習指導要領において，より一層明確なものとなりました。そこで，国立教育政策研究所教育課程研究センターでは，「幼稚園，小学校，中学校，高等学校及び特別支援学校の学習指導要領等の改善及び必要な方策等について（答申）」（平成 28 年 12 月 21 日中央教育審議会）をはじめ，「児童生徒の学習評価の在り方について（報告）」（平成 31 年 1 月 21 日中央教育審議会初等中等教育分科会教育課程部会）や「小学校，中学校，高等学校及び特別支援学校等における児童生徒の学習評価及び指導要録の改善等について」（平成 31 年 3 月 29 日付初等中等教育局長通知）を踏まえ，このたび「『指導と評価の一体化』のための学習評価に関する参考資料」を作成しました。

　本資料では，学習評価の基本的な考え方や，各教科等における評価規準の作成及び評価の実施等について解説しているほか，各教科等別に単元や題材に基づく学習評価について事例を紹介しています。各学校においては，本資料や各教育委員会等が示す学習評価に関する資料などを参考としながら，学習評価を含むカリキュラム・マネジメントを円滑に進めていただくことで，「指導と評価の一体化」を実現し，子供たちに未来の創り手となるために必要な資質・能力が育まれることを期待します。

　最後に，本資料の作成に御協力くださった方々に心から感謝の意を表します。

　令和 2 年 3 月

国 立 教 育 政 策 研 究 所
教育課程研究センター長
笹　井　弘　之

目次

　※本冊子については，改訂後の常用漢字表（平成22年11月30日内閣告示）に基づいて表記していま
　す。（学習指導要領及び初等中等教育局長通知等の引用部分を除く）

第1編

総説

第1編　総説

本編においては，以下の資料について，それぞれ略称を用いることとする。

答申：「幼稚園，小学校，中学校，高等学校及び特別支援学校の学習指導要領等の改善
　　　及び必要な方策等について（答申）」　平成28年12月21日　中央教育審議会

報告：「児童生徒の学習評価の在り方について（報告）」　平成31年1月21日　中央教
　　　育審議会　初等中等教育分科会　教育課程部会

改善等通知：「小学校，中学校，高等学校及び特別支援学校等における児童生徒の学習
　　　評価及び指導要録の改善等について（通知）」　平成31年3月29日　初等中等
　　　教育局長通知

第1章　平成29年改訂を踏まえた学習評価の改善

1　はじめに

　学習評価は，学校における教育活動に関し，児童生徒の学習状況を評価するものである。答申にもあるとおり，児童生徒の学習状況を的確に捉え，教師が指導の改善を図るとともに，児童生徒が自らの学びを振り返って次の学びに向かうことができるようにするためには，学習評価の在り方が極めて重要である。

　各教科等の評価については，学習状況を分析的に捉える「観点別学習状況の評価」と「評定」が学習指導要領に定める目標に準拠した評価として実施するものとされている[1]。観点別学習状況の評価とは，学校における児童生徒の学習状況を，複数の観点から，それぞれの観点ごとに分析する評価のことである。児童生徒が各教科等での学習において，どの観点で望ましい学習状況が認められ，どの観点に課題が認められるかを明らかにすることにより，具体的な学習や指導の改善に生かすことを可能とするものである。各学校において目標に準拠した観点別学習状況の評価を行うに当たっては，観点ごとに評価規準を定める必要がある。評価規準とは，観点別学習状況の評価を的確に行うため，学習指導要領に示す目標の実現の状況を判断するよりどころを表現したものである。本参考資料は，観点別学習状況の評価を実施する際に必要となる評価規準等，学習評価を行うに当たって参考となる情報をまとめたものである。

　以下，文部省指導資料から，評価規準について解説した部分を参考として引用する。

---

[1] 各教科の評価については，観点別学習状況の評価と，これらを総括的に捉える「評定」の両方について実施するものとされており，観点別学習状況の評価や評定には示しきれない児童生徒の一人一人のよい点や可能性，進歩の状況については，「個人内評価」として実施するものとされている。（P.6～11に後述）

（参考）評価規準の設定（抄）

（文部省「小学校教育課程一般指導資料」（平成5年9月）より）

　新しい指導要録（平成3年改訂）では，観点別学習状況の評価が効果的に行われるようにするために，「各観点ごとに学年ごとの評価規準を設定するなどの工夫を行うこと」と示されています。

　これまでの指導要録においても，観点別学習状況の評価を適切に行うため，「観点の趣旨を学年別に具体化することなどについて工夫を加えることが望ましいこと」とされており，教育委員会や学校では目標の達成の度合いを判断するための基準や尺度などの設定について研究が行われてきました。

　しかし，それらは，ともすれば知識・理解の評価が中心になりがちであり，また「目標を十分達成（＋）」，「目標をおおむね達成（空欄)」及び「達成が不十分（－)」ごとに詳細にわたって設定され，結果としてそれを単に数量的に処理することに陥りがちであったとの指摘がありました。

　今回の改訂においては，学習指導要領が目指す学力観に立った教育の実践に役立つようにすることを改訂方針の一つとして掲げ，各教科の目標に照らしてその実現の状況を評価する観点別学習状況を各教科の学習の評価の基本に据えることとしました。したがって，評価の観点についても，学習指導要領に示す目標との関連を密にして設けられています。

　このように，学習指導要領が目指す学力観に立つ教育と指導要録における評価とは一体のものであるとの考え方に立って，各教科の目標の実現の状況を「関心・意欲・態度」，「思考・判断・表現」，「技能・表現（または技能)」及び「知識・理解」の観点ごとに適切に評価するため，「評価規準を設定する」ことを明確に示しているものです。

　「評価規準」という用語については，先に述べたように，新しい学力観に立って子供たちが自ら獲得し身に付けた資質や能力の質的な面，すなわち，学習指導要領の目標に基づく幅のある資質や能力の育成の実現状況の評価を目指すという意味から用いたものです。

2　平成29年改訂を踏まえた学習評価の意義

（1）学習評価の充実

　平成29年改訂小・中学校学習指導要領総則においては，学習評価の充実について新たに項目が置かれた。具体的には，学習評価の目的等について以下のように示し，単元や題材など内容や時間のまとまりを見通しながら，児童生徒の主体的・対話的で深い学びの実現に向けた授業改善を行うと同時に，評価の場面や方法を工夫して，学習の過程や成果を評価することを示し，授業の改善と評価の改善を両輪として行っていくことの必要性を明示した。

・生徒のよい点や進歩の状況などを積極的に評価し，学習したことの意義や価値を実感できるようにすること。また，各教科等の目標の実現に向けた学習状況を把握する観点から，単元や題材など内容や時間のまとまりを見通しながら評価の場面や方法を工夫して，学習の過程や成果を評価し，指導の改善や学習意欲の向上を図り，資質・能力の育成に生かすようにすること。

・創意工夫の中で学習評価の妥当性や信頼性が高められるよう，組織的かつ計画的な取組を推進するとともに，学年や学校段階を越えて生徒の学習の成果が円滑に接続されるように工夫すること。

（中学校学習指導要領第1章総則　第3教育課程の実施と学習評価　2学習評価の充実）
（小学校学習指導要領にも同旨）

（2）カリキュラム・マネジメントの一環としての指導と評価

　　各学校における教育活動の多くは，学習指導要領等に従い児童生徒や地域の実態を踏まえて編成された教育課程の下，指導計画に基づく授業（学習指導）として展開される。各学校では，児童生徒の学習状況を評価し，その結果を児童生徒の学習や教師による指導の改善や学校全体としての教育課程の改善等に生かしており，学校全体として組織的かつ計画的に教育活動の質の向上を図っている。このように，「学習指導」と「学習評価」は学校の教育活動の根幹に当たり，教育課程に基づいて組織的かつ計画的に教育活動の質の向上を図る「カリキュラム・マネジメント」の中核的な役割を担っている。

（3）主体的・対話的で深い学びの視点からの授業改善と評価

　指導と評価の一体化を図るためには，児童生徒一人一人の学習の成立を促すための評価という視点を一層重視し，教師が自らの指導のねらいに応じて授業での児童生徒の学びを振り返り，学習や指導の改善に生かしていくことが大切である。すなわち，平成29年改訂学習指導要領で重視している「主体的・対話的で深い学び」の視点からの授業改善を通して各教科等における資質・能力を確実に育成する上で，学習評価は重要な役割を担っている。

（4）学習評価の改善の基本的な方向性

　　（1）～（3）で述べたとおり，学習指導要領改訂の趣旨を実現するためには，学習評価の在り方が極めて重要であり，すなわち，学習評価を真に意味のあるものとし，指導と評価の一体化を実現することがますます求められている。

　　このため，報告では，以下のように学習評価の改善の基本的な方向性が示された。

① 児童生徒の学習改善につながるものにしていくこと

② 教師の指導改善につながるものにしていくこと

③ これまで慣行として行われてきたことでも，必要性・妥当性が認められないものは見直していくこと

3 平成29年改訂を受けた評価の観点の整理

　平成29年改訂学習指導要領においては，知・徳・体にわたる「生きる力」を児童生徒に育むために「何のために学ぶのか」という各教科等を学ぶ意義を共有しながら，授業の創意工夫や教科書等の教材の改善を引き出していくことができるようにするため，全ての教科等の目標及び内容を「知識及び技能」，「思考力，判断力，表現力等」，「学びに向かう力，人間性等」の育成を目指す資質・能力の三つの柱で再整理した（図1参照）。知・徳・体のバランスのとれた「生きる力」を育むことを目指すに当たっては，各教科等の指導を通してどのような資質・能力の育成を目指すのかを明確にしながら教育活動の充実を図ること，その際には，児童生徒の発達の段階や特性を踏まえ，資質・能力の三つの柱の育成がバランスよく実現できるよう留意する必要がある。

図1

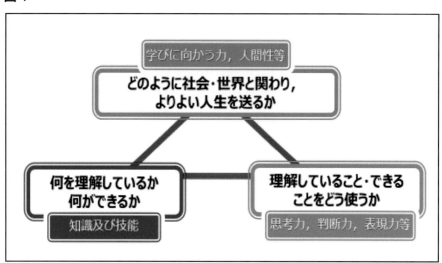

　観点別学習状況の評価については，こうした教育目標や内容の再整理を踏まえて，小・中・高等学校の各教科を通じて，4観点から3観点に整理された。（図2参照）

図2

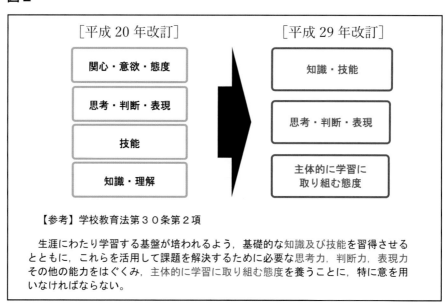

4　平成29年改訂学習指導要領における各教科の学習評価

　各教科の学習評価においては，平成29年改訂においても，学習状況を分析的に捉える「観点別学習状況の評価」と，これらを総括的に捉える「評定」の両方について，学習指導要領に定める目標に準拠した評価として実施するものとされた。改善等通知では，以下のように示されている。

【小学校児童指導要録】

　［各教科の学習の記録］

　Ⅰ　観点別学習状況

　　学習指導要領に示す各教科の目標に照らして，その実現状況を観点ごとに評価し記入する。その際，

　　　　「十分満足できる」状況と判断されるもの：A

　　　　「おおむね満足できる」状況と判断されるもの：B

　　　　「努力を要する」状況と判断されるもの：C

　　のように区別して評価を記入する。

　Ⅱ　評定（第3学年以上）

　　各教科の評定は，学習指導要領に示す各教科の目標に照らして，その実現状況を，

　　　　「十分満足できる」状況と判断されるもの：3

　　　　「おおむね満足できる」状況と判断されるもの：2

　　　　「努力を要する」状況と判断されるもの：1

　　のように区別して評価を記入する。

　　評定は各教科の学習の状況を総括的に評価するものであり，「観点別学習状況」において掲げられた観点は，分析的な評価を行うものとして，各教科の評定を行う場合において基本的な要素となるものであることに十分留意する。その際，評定の適切な決定方法等については，各学校において定める。

【中学校生徒指導要録】

（学習指導要領に示す必修教科の取扱いは次のとおり）

　［各教科の学習の記録］

　Ⅰ　観点別学習状況（小学校児童指導要録と同じ）

　　学習指導要領に示す各教科の目標に照らして，その実現状況を観点ごとに評価し記入する。その際，

　　　　「十分満足できる」状況と判断されるもの：A

　　　　「おおむね満足できる」状況と判断されるもの：B

　　　　「努力を要する」状況と判断されるもの：C

　　のように区別して評価を記入する。

　Ⅱ　評定

　　各教科の評定は，学習指導要領に示す各教科の目標に照らして，その実現状況を，

> 「十分満足できるもののうち，特に程度が高い」状況と判断されるもの：5
>
> 「十分満足できる」状況と判断されるもの：4
>
> 「おおむね満足できる」状況と判断されるもの：3
>
> 「努力を要する」状況と判断されるもの：2
>
> 「一層努力を要する」状況と判断されるもの：1
>
> のように区別して評価を記入する。
>
> 　評定は各教科の学習の状況を総括的に評価するものであり，「観点別学習状況」において掲げられた観点は，分析的な評価を行うものとして，各教科の評定を行う場合において基本的な要素となるものであることに十分留意する。その際，評定の適切な決定方法等については，各学校において定める。

　また，観点別学習状況の評価や評定には示しきれない児童生徒一人一人のよい点や可能性，進歩の状況については，「個人内評価」として実施するものとされている。改善等通知においては，「観点別学習状況の評価になじまず個人内評価の対象となるものについては，児童生徒が学習したことの意義や価値を実感できるよう，日々の教育活動等の中で児童生徒に伝えることが重要であること。特に『学びに向かう力，人間性等』のうち『感性や思いやり』など児童生徒一人一人のよい点や可能性，進歩の状況などを積極的に評価し児童生徒に伝えることが重要であること。」と示されている。

　「3　平成29年改訂を受けた評価の観点の整理」も踏まえて各教科における評価の基本構造を図示化すると，以下のようになる。(図3参照)

図3

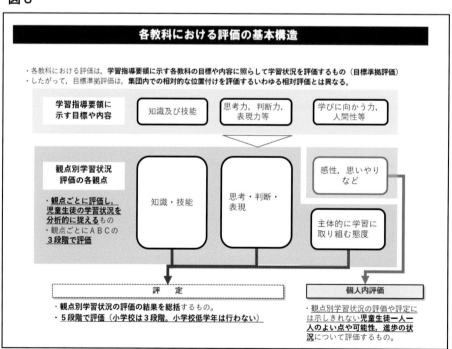

　上記の，「各教科における評価の基本構造」を踏まえた3観点の評価それぞれについて

の考え方は，以下の（1）～（3）のとおりとなる。なお，この考え方は，外国語活動（小学校），総合的な学習の時間，特別活動においても同様に考えることができる。

（1）「知識・技能」の評価について

　「知識・技能」の評価は，各教科等における学習の過程を通した知識及び技能の習得状況について評価を行うとともに，それらを既有の知識及び技能と関連付けたり活用したりする中で，他の学習や生活の場面でも活用できる程度に概念等を理解したり，技能を習得したりしているかについても評価するものである。

　「知識・技能」におけるこのような考え方は，従前の「知識・理解」（各教科等において習得すべき知識や重要な概念等を理解しているかを評価），「技能」（各教科等において習得すべき技能を身に付けているかを評価）においても重視してきたものである。

　具体的な評価の方法としては，ペーパーテストにおいて，事実的な知識の習得を問う問題と，知識の概念的な理解を問う問題とのバランスに配慮するなどの工夫改善を図るとともに，例えば，児童生徒が文章による説明をしたり，各教科等の内容の特質に応じて，観察・実験したり，式やグラフで表現したりするなど，実際に知識や技能を用いる場面を設けるなど，多様な方法を適切に取り入れていくことが考えられる。

（2）「思考・判断・表現」の評価について

　「思考・判断・表現」の評価は，各教科等の知識及び技能を活用して課題を解決する等のために必要な思考力，判断力，表現力等を身に付けているかを評価するものである。

　「思考・判断・表現」におけるこのような考え方は，従前の「思考・判断・表現」の観点においても重視してきたものである。「思考・判断・表現」を評価するためには，教師は「主体的・対話的で深い学び」の視点からの授業改善を通じ，児童生徒が思考・判断・表現する場面を効果的に設計した上で，指導・評価することが求められる。

　具体的な評価の方法としては，ペーパーテストのみならず，論述やレポートの作成，発表，グループでの話合い，作品の制作や表現等の多様な活動を取り入れたり，それらを集めたポートフォリオを活用したりするなど評価方法を工夫することが考えられる。

（3）「主体的に学習に取り組む態度」の評価について

　答申において「学びに向かう力，人間性等」には，①「主体的に学習に取り組む態度」として観点別学習状況の評価を通じて見取ることができる部分と，②観点別学習状況の評価や評定にはなじまず，こうした評価では示しきれないことから個人内評価を通じて見取る部分があることに留意する必要があるとされている。すなわち，②については観点別学習状況の評価の対象外とする必要がある。

　「主体的に学習に取り組む態度」の評価に際しては，単に継続的な行動や積極的な発言を行うなど，性格や行動面の傾向を評価するということではなく，各教科等の「主体的に学習に取り組む態度」に係る観点の趣旨に照らして，知識及び技能を習得したり，

思考力，判断力，表現力等を身に付けたりするために，自らの学習状況を把握し，学習の進め方について試行錯誤するなど自らの学習を調整しながら，学ぼうとしているかどうかという意思的な側面を評価することが重要である。

　従前の「関心・意欲・態度」の観点も，各教科等の学習内容に関心をもつことのみならず，よりよく学ぼうとする意欲をもって学習に取り組む態度を評価するという考え方に基づいたものであり，この点を「主体的に学習に取り組む態度」として改めて強調するものである。

　本観点に基づく評価は，「主体的に学習に取り組む態度」に係る各教科等の評価の観点の趣旨に照らして，

①　知識及び技能を獲得したり，思考力，判断力，表現力等を身に付けたりすることに向けた粘り強い取組を行おうとしている側面

②　①の粘り強い取組を行う中で，自らの学習を調整しようとする側面

という二つの側面を評価することが求められる[2]。（図4参照）

　ここでの評価は，児童生徒の学習の調整が「適切に行われているか」を必ずしも判断するものではなく，学習の調整が知識及び技能の習得などに結び付いていない場合には，教師が学習の進め方を適切に指導することが求められる。

　具体的な評価の方法としては，ノートやレポート等における記述，授業中の発言，教師による行動観察や児童生徒による自己評価や相互評価等の状況を，教師が評価を行う際に考慮する材料の一つとして用いることなどが考えられる。

図4

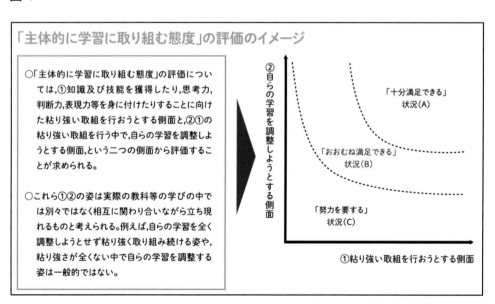

---

[2] これら①②の姿は実際の教科等の学びの中では別々ではなく相互に関わり合いながら立ち現れるものと考えられることから，実際の評価の場面においては，双方の側面を一体的に見取ることも想定される。例えば，自らの学習を全く調整しようとせず粘り強く取り組み続ける姿や，粘り強さが全くない中で自らの学習を調整する姿は一般的ではない。

　なお，学習指導要領の「2　内容」に記載のない「主体的に学習に取り組む態度」の評価については，後述する第2章1（2）を参照のこと[3]。

5　改善等通知における特別の教科　道徳，外国語活動（小学校），総合的な学習の時間，特別活動の指導要録の記録

　改善等通知においては，各教科の学習の記録とともに，以下の（1）～（4）の各教科等の指導要録における学習の記録について以下のように示されている。

（1）特別の教科　道徳について

　中学校等については，改善等通知別紙2に，「道徳の評価については，28文科初第604号「学習指導要領の一部改正に伴う小学校，中学校及び特別支援学校小学部・中学部における児童生徒の学習評価及び指導要録の改善等について（通知）」に基づき，学習活動における生徒の学習状況や道徳性に係る成長の様子を個人内評価として文章で端的に記述する」こととされている（小学校等についても別紙1に同旨）。

（2）外国語活動について（小学校）

　改善等通知には，「外国語活動の記録については，評価の観点を記入した上で，それらの観点に照らして，児童の学習状況に顕著な事項がある場合にその特徴を記入する等，児童にどのような力が身に付いたかを文章で端的に記述すること」とされている。また，「評価の観点については，設置者は，小学校学習指導要領等に示す外国語活動の目標を踏まえ，改善等通知別紙4を参考に設定する」こととされている。

（3）総合的な学習の時間について

　中学校等については，改善等通知別紙2に，「総合的な学習の時間の記録については，この時間に行った学習活動及び各学校が自ら定めた評価の観点を記入した上で，それらの観点のうち，生徒の学習状況に顕著な事項がある場合などにその特徴を記入する等，生徒にどのような力が身に付いたかを文章で端的に記述すること」とされている。また，「評価の観点については，各学校において具体的に定めた目標，内容に基づいて別紙4を参考に定めること」とされている（小学校等についても別紙1に同旨）。

---

[3] 各教科等によって，評価の対象に特性があることに留意する必要がある。例えば，体育・保健体育科の運動に関する領域においては，公正や協力などを，育成する「態度」として学習指導要領に位置付けており，各教科等の目標や内容に対応した学習評価が行われることとされている。

（4）特別活動について

　中学校等については，改善等通知別紙2に，「特別活動の記録については，各学校が自ら定めた特別活動全体に係る評価の観点を記入した上で，各活動・学校行事ごとに，評価の観点に照らして十分満足できる活動の状況にあると判断される場合に，〇印を記入する」とされている。また，「評価の観点については，学習指導要領等に示す特別活動の目標を踏まえ，各学校において改善等通知別紙4を参考に定める。その際，特別活動の特質や学校として重点化した内容を踏まえ，例えば『主体的に生活や人間関係をよりよくしようとする態度』などのように，より具体的に定めることも考えられる。記入に当たっては，特別活動の学習が学校や学級における集団活動や生活を対象に行われるという特質に留意する」とされている（小学校等についても別紙1に同旨）。

　なお，特別活動は学級担任以外の教師が指導する活動が多いことから，評価体制を確立し，共通理解を図って，児童生徒のよさや可能性を多面的・総合的に評価するとともに，確実に資質・能力が育成されるよう指導の改善に生かすことが求められる。

6　障害のある児童生徒の学習評価について

　学習評価に関する基本的な考え方は，障害のある児童生徒の学習評価についても変わるものではない。

　障害のある児童生徒については，特別支援学校等の助言又は援助を活用しつつ，個々の児童生徒の障害の状態や特性及び心身の発達の段階に応じた指導内容や指導方法の工夫を行い，その評価を適切に行うことが必要である。また，指導内容や指導方法の工夫については，学習指導要領の各教科の「指導計画の作成と内容の取扱い」の「指導計画作成上の配慮事項」の「障害のある児童生徒への配慮についての事項」についての学習指導要領解説も参考となる。

7　評価の方針等の児童生徒や保護者への共有について

　学習評価の妥当性や信頼性を高めるとともに，児童生徒自身に学習の見通しをもたせるために，学習評価の方針を事前に児童生徒と共有する場面を必要に応じて設けることが求められており，児童生徒に評価の結果をフィードバックする際にも，どのような方針によって評価したのかを改めて児童生徒に共有することも重要である。

　また，新学習指導要領下での学習評価の在り方や基本方針等について，様々な機会を捉えて保護者と共通理解を図ることが非常に重要である。

第2章　学習評価の基本的な流れ

1　各教科における評価規準の作成及び評価の実施等について

（1）目標と観点の趣旨との対応関係について

　　　　評価規準の作成に当たっては，各学校の実態に応じて目標に準拠した評価を行うために，「評価の観点及びその趣旨[4]」が各教科等の目標を踏まえて作成されていること，また同様に，「学年別（又は分野別）の評価の観点の趣旨[5]」が学年（又は分野）の目標を踏まえて作成されていることを確認することが必要である。

　　　　なお，「主体的に学習に取り組む態度」の観点は，教科等及び学年（又は分野）の目標の（3）に対応するものであるが，観点別学習状況の評価を通じて見取ることができる部分をその内容として整理し，示していることを確認することが必要である。（図5，6参照）

図5

【学習指導要領「教科の目標」】

学習指導要領　各教科等の「第1　目標」

(1)	(2)	(3)
（知識及び技能に関する目標）	（思考力，判断力，表現力等に関する目標）	（学びに向かう力，人間性等に関する目標）[6]

【改善等通知「評価の観点及びその趣旨」】

改善等通知　別紙4　評価の観点及びその趣旨

観点	知識・技能	思考・判断・表現	主体的に学習に取り組む態度
趣旨	（知識・技能の観点の趣旨）	（思考・判断・表現の観点の趣旨）	（主体的に学習に取り組む態度の観点の趣旨）

---

[4] 各教科等の学習指導要領の目標の規定を踏まえ，観点別学習状況の評価の対象とするものについて整理したものが教科等の観点の趣旨である。

[5] 各学年（又は分野）の学習指導要領の目標を踏まえ，観点別学習状況の評価の対象とするものについて整理したものが学年別（又は分野別）の観点の趣旨である。

[6] 学びに向かう力，人間性等に関する目標には，個人内評価として実施するものも含まれている。（P.8 図3参照）※学年（又は分野）の目標についても同様である。

図6

【学習指導要領「学年（又は分野）の目標」】

学習指導要領　各教科等の「第2　各学年の目標及び内容」の学年ごとの「1　目標」

(1)	(2)	(3)
（知識及び技能に関する目標）	（思考力，判断力，表現力等に関する目標）	（学びに向かう力，人間性等に関する目標）

【改善等通知　別紙4「学年別（又は分野別）の評価の観点の趣旨」】

観点	知識・技能	思考・判断・表現	主体的に学習に取り組む態度
趣旨	（知識・技能の観点の趣旨）	（思考・判断・表現の観点の趣旨）	（主体的に学習に取り組む態度の観点の趣旨）

（2）「内容のまとまりごとの評価規準」とは

　　本参考資料では，評価規準の作成等について示す。具体的には，学習指導要領の規定から「内容のまとまりごとの評価規準」を作成する際の手順を示している。ここでの「内容のまとまり」とは，学習指導要領に示す各教科等の「第2　各学年の目標及び内容　2　内容」の項目等をそのまとまりごとに細分化したり整理したりしたものである[7]。平成29年改訂学習指導要領においては資質・能力の三つの柱に基づく構造化が行われたところであり，基本的には，学習指導要領に示す各教科等の「第2　各学年（分野）の目標及び内容」の「2　内容」において[8]，「内容のまとまり」ごとに育成を目指す資質・

---

[7] 各教科等の学習指導要領の「第3　指導計画の作成と内容の取扱い」1(1)に「単元（題材）などの内容や時間のまとまり」という記載があるが，この「内容や時間のまとまり」と，本参考資料における「内容のまとまり」は同義ではないことに注意が必要である。前者は，主体的・対話的で深い学びを実現するため，主体的に学習に取り組めるよう学習の見通しを立てたり学習したことを振り返ったりして自身の学びや変容を自覚できる場面をどこに設定するか，対話によって自分の考えなどを広げたり深めたりする場面をどこに設定するか，学びの深まりをつくりだすために，児童生徒が考える場面と教師が教える場面をどのように組み立てるか，といった視点による授業改善は，1単位時間の授業ごとに考えるのではなく，単元や題材などの一定程度のまとまりごとに検討されるべきであることが示されたものである。後者（本参考資料における「内容のまとまり」）については，本文に述べるとおりである。

[8] 小学校家庭においては，「第2　各学年の内容」，「1　内容」，小学校外国語・外国語活動，中学校外国語においては，「第2　各言語の目標及び内容等」，「1　目標」である。

能力が示されている。このため,「2 内容」の記載はそのまま学習指導の目標となりうるものである[9]。学習指導要領の目標に照らして観点別学習状況の評価を行うに当たり,児童生徒が資質・能力を身に付けた状況を表すために,「2 内容」の記載事項の文末を「〜すること」から「〜している」と変換したもの等を,本参考資料において「内容のまとまりごとの評価規準」と呼ぶこととする[10]。

ただし,「主体的に学習に取り組む態度」に関しては,特に,児童生徒の学習への継続的な取組を通して現れる性質を有すること等から[11],「2 内容」に記載がない[12]。そのため,各学年（又は分野）の「1 目標」を参考にしつつ,必要に応じて,改善等通知別紙4に示された学年（又は分野）別の評価の観点の趣旨のうち「主体的に学習に取り組む態度」に関わる部分を用いて「内容のまとまりごとの評価規準」を作成する必要がある。

なお,各学校においては,「内容のまとまりごとの評価規準」の考え方を踏まえて,学習評価を行う際の評価規準を作成する。

（3）「内容のまとまりごとの評価規準」を作成する際の基本的な手順

各教科における,「内容のまとまりごとの評価規準」を作成する際の基本的な手順は以下のとおりである。

> 学習指導要領に示された教科及び学年（又は分野）の目標を踏まえて,「評価の観点及びその趣旨」が作成されていることを理解した上で,
>
> ① 各教科における「内容のまとまり」と「評価の観点」との関係を確認する。
>
> ② 【観点ごとのポイント】を踏まえ,「内容のまとまりごとの評価規準」を作成する。

---

[9] 「2 内容」において示されている指導事項等を整理することで「内容のまとまり」を構成している教科もある。この場合は,整理した資質・能力をもとに,構成された「内容のまとまり」に基づいて学習指導の目標を設定することとなる。また,目標や評価規準の設定は,教育課程を編成する主体である各学校が,学習指導要領に基づきつつ児童生徒や学校,地域の実情に応じて行うことが必要である。

[10] 小学校家庭,中学校技術・家庭（家庭分野）については,学習指導要領の目標及び分野の目標の（2）に思考力・判断力・表現力等の育成に係る学習過程が記載されているため,これらを踏まえて「内容のまとまりごとの評価規準」を作成する必要がある。

[11] 各教科等の特性によって単元や題材など内容や時間のまとまりはさまざまであることから,評価を行う際は,それぞれの実現状況が把握できる段階について検討が必要である。

[12] 各教科等によって,評価の対象に特性があることに留意する必要がある。例えば,体育・保健体育科の運動に関する領域においては,公正や協力などを,育成する「態度」として学習指導要領に位置付けており,各教科等の目標や内容に対応した学習評価が行われることとされている。

①，②については，第2編において詳述する。同様に，【観点ごとのポイント】についても，第2編に各教科等において示している。

（4）評価の計画を立てることの重要性

学習指導のねらいが児童生徒の学習状況として実現されたかについて，評価規準に照らして観察し，毎時間の授業で適宜指導を行うことは，育成を目指す資質・能力を児童生徒に育むためには不可欠である。その上で，評価規準に照らして，観点別学習状況の評価をするための記録を取ることになる。そのためには，いつ，どのような方法で，児童生徒について観点別学習状況を評価するための記録を取るのかについて，評価の計画を立てることが引き続き大切である。

毎時間児童生徒全員について記録を取り，総括の資料とするために蓄積することは現実的ではないことからも，児童生徒全員の学習状況を記録に残す場面を精選し，かつ適切に評価するための評価の計画が一層重要になる。

（5）観点別学習状況の評価に係る記録の総括

適切な評価の計画の下に得た，児童生徒の観点別学習状況の評価に係る記録の総括の時期としては，単元（題材）末，学期末，学年末等の節目が考えられる。

総括を行う際，観点別学習状況の評価に係る記録が，観点ごとに複数ある場合は，例えば，次のような方法が考えられる。

・ **評価結果のＡ，Ｂ，Ｃの数を基に総括する場合**

何回か行った評価結果のＡ，Ｂ，Ｃの数が多いものが，その観点の学習の実施状況を最もよく表現しているとする考え方に立つ総括の方法である。例えば，3回評価を行った結果が「ＡＢＢ」ならばＢと総括することが考えられる。なお，「ＡＡＢＢ」の総括結果をＡとするかＢとするかなど，同数の場合や三つの記号が混在する場合の総括の仕方をあらかじめ各学校において決めておく必要がある。

・ **評価結果のＡ，Ｂ，Ｃを数値に置き換えて総括する場合**

何回か行った評価結果Ａ，Ｂ，Ｃを，例えばＡ＝3，Ｂ＝2，Ｃ＝1のように数値によって表し，合計したり平均したりする総括の方法である。例えば，総括の結果をＢとする範囲を［2.5≧平均値≧1.5］とすると，「ＡＢＢ」の平均値は，約2.3［（3＋2＋2）÷3］で総括の結果はＢとなる。

なお，評価の各節目のうち特定の時点に重きを置いて評価を行う場合など，この例のような平均値による方法以外についても様々な総括の方法が考えられる。

（6）観点別学習状況の評価の評定への総括

評定は，各教科の観点別学習状況の評価を総括した数値を示すものである。評定は，児童生徒がどの教科の学習に望ましい学習状況が認められ，どの教科の学習に課題が

認められるのかを明らかにすることにより，教育課程全体を見渡した学習状況の把握と指導や学習の改善に生かすことを可能とするものである。

評定への総括は，学期末や学年末などに行われることが多い。学年末に評定へ総括する場合には，学期末に総括した評定の結果を基にする場合と，学年末に観点ごとに総括した結果を基にする場合が考えられる。

観点別学習状況の評価の評定への総括は，各観点の評価結果をＡ，Ｂ，Ｃの組合せ，又は，Ａ，Ｂ，Ｃを数値で表したものに基づいて総括し，その結果を小学校では３段階，中学校では５段階で表す。

Ａ，Ｂ，Ｃの組合せから評定に総括する場合，各観点とも同じ評価がそろう場合は，小学校については，「ＢＢＢ」であれば２を基本としつつ，「ＡＡＡ」であれば３，「ＣＣＣ」であれば１とするのが適当であると考えられる。中学校については，「ＢＢＢ」であれば３を基本としつつ，「ＡＡＡ」であれば５又は４，「ＣＣＣ」であれば２又は１とするのが適当であると考えられる。それ以外の場合は，各観点のＡ，Ｂ，Ｃの数の組合せから適切に評定することができるようあらかじめ各学校において決めておく必要がある。

なお，観点別学習状況の評価結果は，「十分満足できる」状況と判断されるものをＡ，「おおむね満足できる」状況と判断されるものをＢ，「努力を要する」状況と判断されるものをＣのように表されるが，そこで表された学習の実現状況には幅があるため，機械的に評定を算出することは適当ではない場合も予想される。

また，評定は，小学校については，小学校学習指導要領等に示す各教科の目標に照らして，その実現状況を「十分満足できる」状況と判断されるものを３，「おおむね満足できる」状況と判断されるものを２，「努力を要する」状況と判断されるものを１，中学校については，中学校学習指導要領等に示す各教科の目標に照らして，その実現状況を「十分満足できるもののうち，特に程度が高い」状況と判断されるものを５，「十分満足できる」状況と判断されるものを４，「おおむね満足できる」状況と判断されるものを３，「努力を要する」状況と判断されるものを２，「一層努力を要する」状況と判断されるものを１という数値で表される。しかし，この数値を児童生徒の学習状況について三つ（小学校）又は五つ（中学校）に分類したものとして捉えるのではなく，常にこの結果の背景にある児童生徒の具体的な学習の実現状況を思い描き，適切に捉えることが大切である。評定への総括に当たっては，このようなことも十分に検討する必要がある[13]。

なお，各学校では観点別学習状況の評価の観点ごとの総括及び評定への総括の考え

---

[13] 改善等通知では，「評定は各教科の学習の状況を総括的に評価するものであり，『観点別学習状況』において掲げられた観点は，分析的な評価を行うものとして，各教科の評定を行う場合において基本的な要素となるものであることに十分留意する。その際，評定の適切な決定方法等については，各学校において定める。」と示されている。（P.7，8参照）

方や方法について，教師間で共通理解を図り，児童生徒及び保護者に十分説明し理解を得ることが大切である。

2　総合的な学習の時間における評価規準の作成及び評価の実施等について
（1）総合的な学習の時間の「評価の観点」について

平成29年改訂学習指導要領では，各教科等の目標や内容を「知識及び技能」，「思考力，判断力，表現力等」，「学びに向かう力，人間性等」の資質・能力の三つの柱で再整理しているが，このことは総合的な学習の時間においても同様である。

総合的な学習の時間においては，学習指導要領が定める目標を踏まえて各学校が目標や内容を設定するという総合的な学習の時間の特質から，各学校が観点を設定するという枠組みが維持されている。一方で，各学校が目標や内容を定める際には，学習指導要領において示された以下について考慮する必要がある。

【各学校において定める目標】
・　各学校において定める目標については，各学校における教育目標を踏まえ，総合的な学習の時間を通して育成を目指す資質・能力を示すこと。　　　　　　（第2の3(1)）

総合的な学習の時間を通して育成を目指す資質・能力を示すとは，各学校における教育目標を踏まえて，各学校において定める目標の中に，この時間を通して育成を目指す資質・能力を，三つの柱に即して具体的に示すということである。

【各学校において定める内容】
・　探究課題の解決を通して育成を目指す具体的な資質・能力については，次の事項に配慮すること。
ア　知識及び技能については，他教科等及び総合的な学習の時間で習得する知識及び技能が相互に関連付けられ，社会の中で生きて働くものとして形成されるようにすること。
イ　思考力，判断力，表現力等については，課題の設定，情報の収集，整理・分析，まとめ・表現などの探究的な学習の過程において発揮され，未知の状況において活用できるものとして身に付けられるようにすること。
ウ　学びに向かう力，人間性等については，自分自身に関すること及び他者や社会との関わりに関することの両方の視点を踏まえること。　　　　　（第2の3(6)）

各学校において定める内容について，今回の改訂では新たに，「目標を実現するにふさわしい探究課題」，「探究課題の解決を通して育成を目指す具体的な資質・能力」の二つを定めることが示された。「探究課題の解決を通して育成を目指す具体的な資質・能力」とは，各学校において定める目標に記された資質・能力を，各探究課題に即して具体的に示したものであり，教師の適切な指導の下，児童生徒が各探究課題の解決に取り組む中で，育成することを目指す資質・能力のことである。この具体的な資質・能力も，「知識及び技能」，「思考力，判断力，表現力等」，「学びに向かう力，人間性等」という

資質・能力の三つの柱に即して設定していくことになる。

　このように，各学校において定める目標と内容には，三つの柱に沿った資質・能力が明示されることになる。

　したがって，資質・能力の三つの柱で再整理した新学習指導要領の下での指導と評価の一体化を推進するためにも，評価の観点についてこれらの資質・能力に関わる「知識・技能」，「思考・判断・表現」，「主体的に学習に取り組む態度」の3観点に整理し示したところである。

（2）総合的な学習の時間の「内容のまとまり」の考え方

　学習指導要領の第2の2では，「各学校においては，第1の目標を踏まえ，各学校の総合的な学習の時間の内容を定める。」とされており，各教科のようにどの学年で何を指導するのかという内容を明示していない。これは，各学校が，学習指導要領が定める目標の趣旨を踏まえて，地域や学校，児童生徒の実態に応じて，創意工夫を生かした内容を定めることが期待されているからである。

　この内容の設定に際しては，前述したように「目標を実現するにふさわしい探究課題」，「探究課題の解決を通して育成を目指す具体的な資質・能力」の二つを定めることが示され，探究課題としてどのような対象と関わり，その探究課題の解決を通して，どのような資質・能力を育成するのかが内容として記述されることになる。（図7参照）

図7

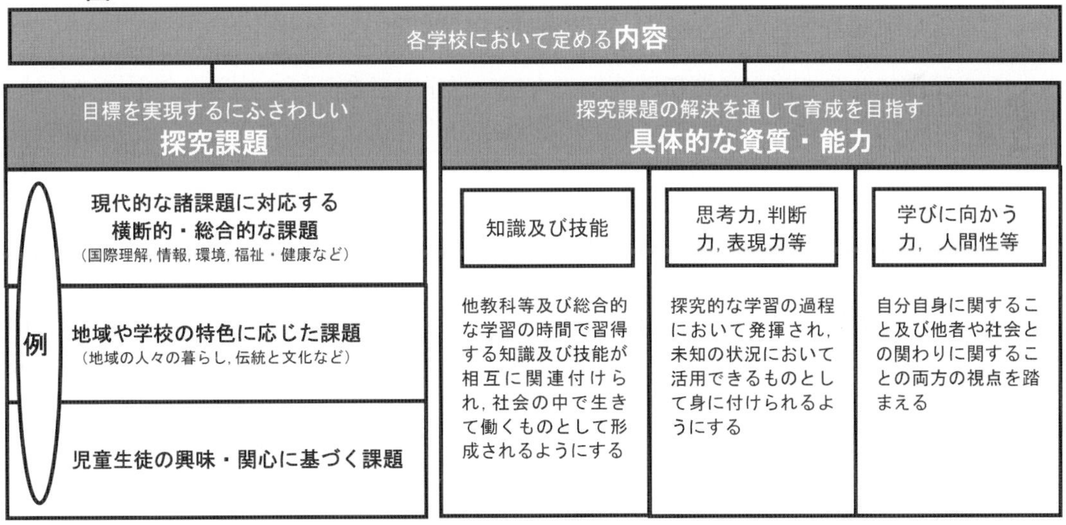

　本参考資料第1編第2章の1（2）では，「内容のまとまり」について，「学習指導要領に示す各教科等の『第2　各学年の目標及び内容　2　内容』の項目等をそのまとまりごとに細分化したり整理したりしたもので，『内容のまとまり』ごとに育成を目指す資質・能力が示されている」と説明されている。

　したがって，総合的な学習の時間における「内容のまとまり」とは，全体計画に示した「目標を実現するにふさわしい探究課題」のうち，一つ一つの探究課題とその探究課題に応じて定めた具体的な資質・能力と考えることができる。

（3）「内容のまとまりごとの評価規準」を作成する際の基本的な手順

　　総合的な学習の時間における，「内容のまとまりごとの評価規準」を作成する際の基本的な手順は以下のとおりである。

> ①　各学校において定めた目標（第2の1）と「評価の観点及びその趣旨」を確認する。
>
> ②　各学校において定めた内容の記述（「内容のまとまり」として探究課題ごとに作成した「探究課題の解決を通して育成を目指す具体的な資質・能力」）が，観点ごとにどのように整理されているかを確認する。
>
> ③【観点ごとのポイント】を踏まえ，「内容のまとまりごとの評価規準」を作成する。

3　特別活動の「評価の観点」とその趣旨，並びに評価規準の作成及び評価の実施等について

（1）特別活動の「評価の観点」とその趣旨について

　　特別活動においては，改善等通知において示されたように，特別活動の特質と学校の創意工夫を生かすということから，設置者ではなく，「各学校で評価の観点を定める」ものとしている。本参考資料では「評価の観点」とその趣旨の設定について示している。

（2）特別活動の「内容のまとまり」

　　小学校においては，学習指導要領の内容の〔学級活動〕「（1）学級や学校における生活づくりへの参画」，「（2）日常の生活や学習への適応と自己の成長及び健康安全」，「（3）一人一人のキャリア形成と自己実現」，〔児童会活動〕，〔クラブ活動〕，〔学校行事〕（1）儀式的行事，（2）文化的行事，（3）健康安全・体育的行事，（4）遠足・集団宿泊的行事，（5）勤労生産・奉仕的行事を「内容のまとまり」とした。

　　中学校においては，学習指導要領の内容の〔学級活動〕「（1）学級や学校における生活づくりへの参画」，「（2）日常の生活や学習への適応と自己の成長及び健康安全」，「（3）一人一人のキャリア形成と自己実現」，〔生徒会活動〕，〔学校行事〕（1）儀式的行事，（2）文化的行事，（3）健康安全・体育的行事，（4）旅行・集団宿泊的行事，（5）勤労生産・奉仕的行事を「内容のまとまり」とした。

（3）特別活動の「評価の観点」とその趣旨，並びに「内容のまとまりごとの評価規準」を作成する際の基本的な手順

　　各学校においては，学習指導要領に示された特別活動の目標及び内容を踏まえ，自校の実態に即し，改善等通知の例示を参考に観点を作成する。その際，例えば，特別活動の特質や学校として重点化した内容を踏まえて，具体的な観点を設定することが考えられる。

　また，学習指導要領解説では，各活動・学校行事の内容ごとに育成を目指す資質・能力が例示されている。そこで，学習指導要領で示された「各活動・学校行事の目標」及び学習指導要領解説で例示された「資質・能力」を確認し，各学校の実態に合わせて育成を目指す資質・能力を重点化して設定する。

　次に，各学校で設定した，各活動・学校行事で育成を目指す資質・能力を踏まえて，「内容のまとまりごとの評価規準」を作成する。その際，小学校の学級活動においては，学習指導要領で示した「各学年段階における配慮事項」や，学習指導要領解説に示した「発達の段階に即した指導のめやす」を踏まえて，低・中・高学年ごとに評価規準を作成することが考えられる。基本的な手順は以下のとおりである。

---

① 　学習指導要領の「特別活動の目標」と改善等通知を確認する。

② 　学習指導要領の「特別活動の目標」と自校の実態を踏まえ，改善等通知の例示を参考に，特別活動の「評価の観点」とその趣旨を設定する。

③ 　学習指導要領の「各活動・学校行事の目標」及び学習指導要領解説特別活動編（平成29年7月）で例示した「各活動・学校行事における育成を目指す資質・能力」を参考に，各学校において育成を目指す資質・能力を重点化して設定する。

④ 　【観点ごとのポイント】を踏まえ，「内容のまとまりごとの評価規準」を作成する。

（参考）平成 23 年「評価規準の作成，評価方法等の工夫改善のための参考資料」からの変更点について

　今回作成した本参考資料は，平成 23 年の「評価規準の作成，評価方法等の工夫改善のための参考資料」を踏襲するものであるが，以下のような変更点があることに留意が必要である[14]。

　まず，平成 23 年の参考資料において使用していた「評価規準に盛り込むべき事項」や「評価規準の設定例」については，報告において「現行の参考資料のように評価規準を詳細に示すのではなく，各教科等の特質に応じて，学習指導要領の規定から評価規準を作成する際の手順を示すことを基本とする」との指摘を受け，第2編において示すことを改め，本参考資料の第3編における事例の中で，各教科等の事例に沿った評価規準を例示したり，その作成手順等を紹介したりする形に改めている。

　次に，本参考資料の第2編に示す「内容のまとまりごとの評価規準」は，平成 23 年の「評価規準の作成，評価方法等の工夫改善のための参考資料」において示した「評価規準に盛り込むべき事項」と作成の手順を異にする。具体的には，「評価規準に盛り込むべき事項」は，平成 20 年改訂学習指導要領における各教科等の目標，各学年（又は分野）の目標及び内容の記述を基に，学習評価及び指導要録の改善通知で示している各教科等の評価の観点及びその趣旨，学年（又は分野）別の評価の観点の趣旨を踏まえて作成したものである。

　また，平成 23 年の参考資料では「評価規準に盛り込むべき事項」をより具体化したものを「評価規準の設定例」として示している。「評価規準の設定例」は，原則として，学習指導要領の各教科等の目標，学年（又は分野）別の目標及び内容のほかに，当該部分の学習指導要領解説（文部科学省刊行）の記述を基に作成していた。他方，本参考資料における「内容のまとまりごとの評価規準」については，平成 29 年改訂の学習指導要領の目標及び内容が育成を目指す資質・能力に関わる記述で整理されたことから，既に確認のとおり，そこでの「内容のまとまり」ごとの記述を，文末を変換するなどにより評価規準とすることを可能としており，学習指導要領の記載と表裏一体をなす関係にあると言える。

　さらに，「主体的に学習に取り組む態度」の「各教科等・各学年等の評価の観点の趣旨」についてである。前述のとおり，従前の「関心・意欲・態度」の観点から「主体的に学習に取り組む態度」の観点に改められており，「主体的に学習に取り組む態度」の観点に関しては各学年（又は分野）の「1　目標」を参考にしつつ，必要に応じて，改善等通知別紙4に示された学年（又は分野）別の評価の観点の趣旨のうち「主体的に学習に取り組む態度」に関わる部分を用いて「内容のまとまりごとの評価規準」を作成する必要がある。

---

[14] 特別活動については，これまでも三つの観点に基づいて児童生徒の資質・能力の育成を目指し，指導に生かしてきたところであり，上記の変更点に該当するものではないことに留意が必要である。

報告にあるとおり、「主体的に学習に取り組む態度」は、現行の「関心・意欲・態度」の観点の本来の趣旨であった、各教科等の学習内容に関心をもつことのみならず、よりよく学ぼうとする意欲をもって学習に取り組む態度を評価することを改めて強調するものである。また、本観点に基づく評価としては、「主体的に学習に取り組む態度」に係る各教科等の評価の観点の趣旨に照らし、

① 知識及び技能を獲得したり、思考力、判断力、表現力等を身に付けたりすることに向けた粘り強い取組を行おうとする側面と、

② ①の粘り強い取組を行う中で、自らの学習を調整しようとする側面、

という二つの側面を評価することが求められるとされた[15]。

　以上の点から、今回の改善等通知で示した「主体的に学習に取り組む態度」の「各教科等・各学年等の評価の観点の趣旨」は、平成22年通知で示した「関心・意欲・態度」の「各教科等・各学年等の評価の観点の趣旨」から改められている。

---

[15] 各教科等によって、評価の対象に特性があることに留意する必要がある。例えば、体育・保健体育科の運動に関する領域においては、公正や協力などを、育成する「態度」として学習指導要領に位置付けており、各教科等の目標や内容に対応した学習評価が行われることとされている。

第２編

「内容のまとまりごとの評価規準」
を作成する際の手順

1 中学校音楽科の「内容のまとまり」

中学校音楽科における「内容のまとまり」は，以下のようになっている。

〔第1学年〕
　　「A表現」(1) 歌唱　及び　〔共通事項〕(1)
　　「A表現」(2) 器楽　及び　〔共通事項〕(1)
　　「A表現」(3) 創作　及び　〔共通事項〕(1)
　　「B鑑賞」(1) 鑑賞　及び　〔共通事項〕(1)

〔第2学年及び第3学年〕
　　「A表現」(1) 歌唱　及び　〔共通事項〕(1)
　　「A表現」(2) 器楽　及び　〔共通事項〕(1)
　　「A表現」(3) 創作　及び　〔共通事項〕(1)
　　「B鑑賞」(1) 鑑賞　及び　〔共通事項〕(1)

2　中学校音楽科における「内容のまとまりごとの評価規準」作成の手順

　　ここでは，第1学年「A表現」(1)歌唱及び〔共通事項〕(1)，第2学年及び第3学年「B鑑賞」(1)鑑賞及び〔共通事項〕(1)を取り上げて，「内容のまとまりごとの評価規準」作成の手順を説明する。

　　まず，学習指導要領に示された教科及び学年の目標を踏まえて，「評価の観点及びその趣旨」が作成されていることを理解する。その上で，①及び②の手順を踏む。

＜例1　第1学年「A表現」(1)歌唱　及び　〔共通事項〕(1)＞

【中学校学習指導要領 第2章 第5節　音楽「第1　目標」】

表現及び鑑賞の幅広い活動を通して，音楽的な見方・考え方を働かせ，生活や社会の中の音や音楽，音楽文化と豊かに関わる資質・能力を次のとおり育成することを目指す。

（1）	（2）	（3）
曲想と音楽の構造や背景などとの関わり及び音楽の多様性について理解するとともに，創意工夫を生かした音楽表現をするために必要な技能を身に付けるようにする。	音楽表現を創意工夫することや，音楽のよさや美しさを味わって聴くことができるようにする。	音楽活動の楽しさを体験することを通して，音楽を愛好する心情を育むとともに，音楽に対する感性を豊かにし，音楽に親しんでいく態度を養い，豊かな情操を培う。

（中学校学習指導要領 P.99）

【改善等通知 別紙4　音楽（1）評価の観点及びその趣旨　＜中学校　音楽＞】

知識・技能	思考・判断・表現	主体的に学習に取り組む態度
・曲想と音楽の構造や背景などとの関わり及び音楽の多様性について理解している。（※1） ・創意工夫を生かした音楽表現をするために必要な技能を身に付け，歌唱，器楽，創作で表している。（※2）	音楽を形づくっている要素や要素同士の関連を知覚し，それらの働きが生み出す特質や雰囲気を感受しながら，知覚したことと感受したこととの関わりについて考え，どのように表すかについて思いや意図をもったり，音楽を評価しながらよさや美しさを味わって聴いたりしている。	音や音楽，音楽文化に親しむことができるよう，音楽活動を楽しみながら主体的・協働的に表現及び鑑賞の学習活動に取り組もうとしている。

（改善等通知　別紙4　P.14）

※　「知識・技能」の観点の趣旨は，知識の習得に関すること（※1）と技能の習得に関すること（※2）とに分けて示している。これは，学習指導要領の指導事項を，知識に関する資質・能力（事項イ）と技能に関する資質・能力（事項ウ）とに分けて示していること，技能に関する資質・能力を

「A表現」のみに示していること等を踏まえたものである。また,「A表現」の題材の指導に当たっては,「知識」と「技能」の評価場面や評価方法が異なることが考えられる。したがって,「A表現」の題材では,評価規準の作成においても「知識」と「技能」とに分けて設定することを原則とする。なお「B鑑賞」の題材では,※2の趣旨に対応する評価規準は設定しない。

【中学校学習指導要領 第2章 第5節 音楽「第2 各学年の目標及び内容」〔第1学年〕1 目標】

（1）	（2）	（3）
曲想と音楽の構造などとの関わり及び音楽の多様性について理解するとともに,創意工夫を生かした音楽表現をするために必要な歌唱,器楽,創作の技能を身に付けるようにする。	音楽表現を創意工夫することや,音楽を自分なりに評価しながらよさや美しさを味わって聴くことができるようにする。	主体的・協働的に表現及び鑑賞の学習に取り組み,音楽活動の楽しさを体験することを通して,音楽文化に親しむとともに,音楽によって生活を明るく豊かなものにしていく態度を養う。

（中学校学習指導要領 P.99）

【改善等通知 別紙4 音楽（2）学年別の評価の観点の趣旨 ＜中学校 音楽＞第1学年】

知識・技能	思考・判断・表現	主体的に学習に取り組む態度
・曲想と音楽の構造などとの関わり及び音楽の多様性について理解している。 ・創意工夫を生かした音楽表現をするために必要な技能を身に付け,歌唱,器楽,創作で表している。	音楽を形づくっている要素や要素同士の関連を知覚し,それらの働きが生み出す特質や雰囲気を感受しながら,知覚したことと感受したこととの関わりについて考え,どのように表すかについて思いや意図をもったり,音楽を自分なりに評価しながらよさや美しさを味わって聴いたりしている。	音や音楽,音楽文化に親しむことができるよう,音楽活動を楽しみながら主体的・協働的に表現及び鑑賞の学習活動に取り組もうとしている。

（改善等通知 別紙4 P.15）

① 各教科における「内容のまとまり」と「評価の観点」との関係を確認する。

A表現

(1) 歌唱の活動を通して，次の事項を身に付けることができるよう指導する。

　ア　歌唱表現に関わる知識や技能を得たり生かしたりしながら，歌唱表現を創意工夫すること。

　イ　次の(ｱ)及び(ｲ)について理解すること。

　　(ｱ) 曲想と音楽の構造や歌詞の内容との関わり

　　(ｲ) 声の音色や響き及び言葉の特性と曲種に応じた発声との関わり

　ウ　次の(ｱ)及び(ｲ)の技能を身に付けること。

　　(ｱ) 創意工夫を生かした表現で歌うために必要な発声，言葉の発音，身体の使い方などの技能

　　(ｲ) 創意工夫を生かし，全体の響きや各声部の声などを聴きながら他者と合わせて歌う技能

〔共通事項〕

(1) 「A表現」及び「B鑑賞」の指導を通して，次の事項を身に付けることができるよう指導する。

　ア　音楽を形づくっている要素や要素同士の関連を知覚し，それらの働きが生み出す特質や雰囲気を感受しながら，知覚したことと感受したこととの関わりについて考えること。

　イ　音楽を形づくっている要素及びそれらに関わる用語や記号などについて，音楽における働きと関わらせて理解すること。

```
　(下線)…知識及び技能に関する内容
　(波線)…思考力，判断力，表現力等に関する内容
```

＜参考：〔共通事項〕について＞

○「内容のまとまり」と〔共通事項〕との関係

・〔共通事項〕アは，思考力，判断力，表現力等に関する内容を示しており，〔共通事項〕アと各領域や分野の事項アは，一体的に捉えるべき内容である。

歌唱	器楽	創作	鑑賞
音楽を形づくっている要素や要素同士の関連を知覚し，それらの働きが生み出す特質や雰囲気を感受しながら，知覚したことと感受したこととの関わりについて考え⇒			
⇒歌唱表現に関わる知識や技能を得たり生かしたりしながら，歌唱表現を創意工夫すること。	⇒器楽表現に関わる知識や技能を得たり生かしたりしながら，器楽表現を創意工夫すること。	⇒創作表現に関わる知識や技能を得たり生かしたりしながら，創作表現を創意工夫すること。	⇒鑑賞に関わる知識を得たり生かしたりしながら，次の(ｱ)から(ｳ)までについて自分なりに考え，音楽のよさや美しさを味わって聴くこと。

　このように，〔共通事項〕アは，歌唱，器楽，創作，鑑賞の全ての事項アの文頭に位置付く性格のものである。

・〔共通事項〕イは，知識に関する内容を示しており，全ての「内容のまとまり」において，その趣旨を踏まえて適切に指導すべき内容である。

○評価規準作成の際の〔共通事項〕の位置付け

・〔共通事項〕については，配慮事項に「『A表現』及び『B鑑賞』の指導と併せて，十分な指導が行われるよう工夫すること」と示しており，また「中学校学習指導要領解説音楽編」において，「〔共通事項〕は，従前同様，表現及び鑑賞の活動と切り離して単独で指導するものではないことに，十分留意する必要がある。」と示している。これらを踏まえ，事項アについては，全ての題材で必ず位置付けなければ学習として成立しないため，「思考・判断・表現」の観点の趣旨の中に位置付けている。

・一方，事項イについては，「知識」の観点の趣旨に直接的には示していない。事項イの内容については，「音楽における働きと関わらせて理解すること」と示しており，主に「曲想と音楽の構造との関わり」について理解する過程や結果において理解されるものである。

＜参考：音楽科における事項の示し方＞

A表現

　(1) 歌唱

　　ア　思考力，判断力，表現力等に関する内容

　　イ　知識に関する内容

　　ウ　技能に関する内容

　(2) 器楽

　　ア　思考力，判断力，表現力等に関する内容

　　イ　知識に関する内容

　　ウ　技能に関する内容

　(3) 創作

　　ア　思考力，判断力，表現力等に関する内容

　　イ　知識に関する内容

　　ウ　技能に関する内容

B鑑賞

　(1) 鑑賞

　　ア　思考力，判断力，表現力等に関する内容

　　イ　知識に関する内容

〔共通事項〕(1)

　　ア　思考力，判断力，表現力等に関する内容

　　イ　知識に関する内容

② 【観点ごとのポイント】を踏まえ，「内容のまとまりごとの評価規準」を作成する。

（1）「内容のまとまりごとの評価規準」を作成する際の【観点ごとのポイント】

○「知識・技能」のポイント

・事項イ及び事項ウの「次の(ア)及び(イ)」の部分に，学習内容等に応じて(ア)，(イ)のいずれか又は両方を適切に選択して置き換え，文末を「～している」に変更する。

○「思考・判断・表現」のポイント

・〔共通事項〕アの文末を「考え，」に変更して文頭に置き，事項アの文末を「～している」に変更する。なお，事項アの前半の「知識や技能を得たり生かしたりしながら」は，「知識及び技能」と「思考力，判断力，表現力等」とがどのような関係にあるかを明確にするために示している文言であるため，「内容のまとまりごとの評価規準」としては設定しない。

○「主体的に学習に取り組む態度」のポイント

・当該学年の「評価の観点の趣旨」に基づいて作成する。

・「評価の観点の趣旨」の文頭部分「音や音楽，音楽文化に親しむことができるよう」は，「主体的に学習に取り組む態度」における音楽科の学習の目指す方向性を示している文言であるため，「内容のまとまりごとの評価規準」としては設定しない。

「評価の観点の趣旨」の「表現及び鑑賞」の部分は，学習内容に応じて，該当する領域や分野に置き換える。なお，「学習活動」とは，その題材における「知識及び技能」の習得や「思考力，判断力，表現力等」の育成に係る学習活動全体を指している。

「評価の観点の趣旨」の「楽しみながら」は，「主体的・協働的に」に係る文言であり，「楽しみながら取り組んでいるか」を評価するものではない。あくまで，主体的・協働的に取り組む際に「楽しみながら」取り組めるように指導を工夫する必要があることを示唆しているものである。

＜参考：第1学年「A表現」＞

知識・技能	思考・判断・表現	主体的に学習に取り組む態度
・（事項イの(ア)，(イ)）について理解している。【知識】 ・（事項ウの(ア)，(イ)）を身に付けている。【技能】	音楽を形づくっている要素や要素同士の関連を知覚し，それらの働きが生み出す特質や雰囲気を感受しながら，知覚したことと感受したこととの関わりについて考え，歌唱（※器楽分野の場合は「器楽」，創作分野の場合は「創作」）表現を創意工夫している。	音楽活動を楽しみながら主体的・協働的に歌唱（※器楽分野の場合は「器楽」，創作分野の場合は「創作」）の学習活動に取り組もうとしている。

（2）学習指導要領の「2　内容」及び「内容のまとまりごとの評価規準（例）」

	知識及び技能	思考力，判断力，表現力等	学びに向かう力，人間性等
学習指導要領　2　内容	イ　次の(ア)及び(イ)について理解すること。 　(ア)　曲想と音楽の構造や歌詞の内容との関わり 　(イ)　声の音色や響き及び言葉の特性と曲種に応じた発声との関わり 〔共通事項〕 イ　音楽を形づくっている要素及びそれらに関わる用語や記号などについて，音楽における働きと関わらせて理解すること。 ウ　次の(ア)及び(イ)の技能を身に付けること。 　(ア)　創意工夫を生かした表現で歌うために必要な発声，言葉の発音，身体の使い方などの技能 　(イ)　創意工夫を生かし，全体の響きや各声部の声などを聴きながら他者と合わせて歌う技能	ア　歌唱表現に関わる知識や技能を得たり生かしたりしながら，歌唱表現を創意工夫すること。 〔共通事項〕 ア　音楽を形づくっている要素や要素同士の関連を知覚し，それらの働きが生み出す特質や雰囲気を感受しながら，知覚したことと感受したこととの関わりについて考えること。	※内容には，学びに向かう力，人間性等について示されていないことから，該当学年の目標(3)を参考にする。

		知識・技能	思考・判断・表現	主体的に学習に取り組む態度
内容のまとまりごとの評価規準例		・曲想と音楽の構造や歌詞の内容との関わりについて理解している。 ・声の音色や響き及び言葉の特性と曲種に応じた発声との関わりについて理解している。 ・創意工夫を生かした表現で歌うために必要な発声，言葉の発音，身体の使い方などの技能を身に付けている。 ・創意工夫を生かし，全体の響きや各声部の声などを聴きながら他者と合わせて歌う技能を身に付けている。	・音楽を形づくっている要素や要素同士の関連を知覚し，それらの働きが生み出す特質や雰囲気を感受しながら，知覚したことと感受したこととの関わりについて考え，歌唱表現を創意工夫している。	・音楽活動を楽しみながら主体的・協働的に歌唱の学習活動に取り組もうとしている。 ※必要に応じて学年別の評価の観点の趣旨のうち「主体的に学習に取り組む態度」に関わる部分を用いて作成する。

＜例２　第２学年及び第３学年「Ｂ鑑賞」（1）鑑賞　及び　〔共通事項〕（1）＞

【中学校学習指導要領 第２章 第５節　音楽「第１ 目標」】及び【改善等通知 別紙４　音楽（１）評価の観点及びその趣旨　＜中学校　音楽＞】

　＜例１＞と同様のため省略

【中学校学習指導要領 第２章 第５節　音楽「第２ 各学年の目標及び内容」

　　　　　　　　　　　　　　　　　　　　　　〔第２学年及び第３学年〕　１ 目標】

（1）	（2）	（3）
曲想と音楽の構造や背景などとの関わり及び音楽の多様性について理解するとともに，創意工夫を生かした音楽表現をするために必要な歌唱，器楽，創作の技能を身に付けるようにする。	曲にふさわしい音楽表現を創意工夫することや，音楽を評価しながらよさや美しさを味わって聴くことができるようにする。	主体的・協働的に表現及び鑑賞の学習に取り組み，音楽活動の楽しさを体験することを通して，音楽文化に親しむとともに，音楽によって生活を明るく豊かなものにし，音楽に親しんでいく態度を養う。

（中学校学習指導要領 P. 101）

【改善等通知 別紙４　音楽（２）学年別の評価の観点の趣旨

　　　　　　　　　　　　　　　　　　　　　　＜中学校　音楽＞第２学年及び第３学年】

知識・技能	思考・判断・表現	主体的に学習に取り組む態度
・曲想と音楽の構造や背景などとの関わり及び音楽の多様性について理解している。 ・創意工夫を生かした音楽表現をするために必要な技能を身に付け，歌唱，器楽，創作で表している。	音楽を形づくっている要素や要素同士の関連を知覚し，それらの働きが生み出す特質や雰囲気を感受しながら，知覚したことと感受したこととの関わりについて考え，曲にふさわしい音楽表現としてどのように表すかについて思いや意図をもったり，音楽を評価しながらよさや美しさを味わって聴いたりしている。	音や音楽，音楽文化に親しむことができるよう，音楽活動を楽しみながら主体的・協働的に表現及び鑑賞の学習活動に取り組もうとしている。

（改善等通知　別紙４　P. 15）

B鑑賞

(1) 鑑賞の活動を通して，次の事項を身に付けることができるよう指導する。

　ア　鑑賞に関わる知識を得たり生かしたりしながら，次の(ｱ)から(ｳ)までについて考え，音楽のよさや美しさを味わって聴くこと。

　　(ｱ) 曲や演奏に対する評価とその根拠

　　(ｲ) 生活や社会における音楽の意味や役割

　　(ｳ) 音楽表現の共通性や固有性

　イ　次の(ｱ)から(ｳ)までについて理解すること。

　　(ｱ) 曲想と音楽の構造との関わり

　　(ｲ) 音楽の特徴とその背景となる文化や歴史，他の芸術との関わり

　　(ｳ) 我が国や郷土の伝統音楽及び諸外国の様々な音楽の特徴と，その特徴から生まれる音楽の多様性

〔共通事項〕

(1) 「A表現」及び「B鑑賞」の指導を通して，次の事項を身に付けることができるよう指導する。

　ア　音楽を形づくっている要素や要素同士の関連を知覚し，それらの働きが生み出す特質や雰囲気を感受しながら，知覚したことと感受したこととの関わりについて考えること。

　イ　音楽を形づくっている要素及びそれらに関わる用語や記号などについて，音楽における働きと関わらせて理解すること。

　(下線)…知識及び技能に関する内容
　(波線)…思考力，判断力，表現力等に関する内容

以下，＜例１＞と同様のため省略

第2編

- 36 -

②　【観点ごとのポイント】を踏まえ，「内容のまとまりごとの評価規準」を作成する。

（１）「内容のまとまりごとの評価規準」を作成する際の【観点ごとのポイント】

○「知識・技能」のポイント

・事項イの「次の(ア)から(ウ)まで」の部分に，学習内容等に応じて(ア)，(イ)，(ウ)から一つ以上を適切に選択して置き換え，文末を「〜している」に変更する。

○「思考・判断・表現」のポイント

・〔共通事項〕アの文末を「考えるとともに，」に変更して文頭に置き，事項アの「次の(ア)から(ウ)まで」の部分に，学習内容等に応じて(ア)，(イ)，(ウ)から一つ以上を適切に選択して置き換え，文末を「〜聴いている」に変更する。なお，事項アの前半の「知識を得たり生かしたりしながら」は，「知識」と「思考力，判断力，表現力等」とがどのような関係にあるかを明確にするために示している文言であるため，内容のまとまりごとの評価規準としては設定しない。

○「主体的に学習に取り組む態度」のポイント

　　＜例１＞と同様のため省略

＜参考：第２学年及び第３学年「Ｂ鑑賞」＞

知識・技能	思考・判断・表現	主体的に学習に取り組む態度
・(事項イの(ア)，(イ)，(ウ))について理解<u>している</u>。【知識】 (「技能」に関する評価規準は設定しない。)	音楽を形づくっている要素や要素同士の関連を知覚し，それらの働きが生み出す特質や雰囲気を感受しながら，知覚したことと感受したこととの関わりについて<u>考えるとともに，</u>(事項アの(ア)，(イ)，(ウ))について考え，音楽のよさや美しさを味わって<u>聴いている</u>。	音楽活動を楽しみながら主体的・協働的に鑑賞の学習活動に取り組もうとしている。

（2）学習指導要領の「2　内容」　及び　「内容のまとまりごとの評価規準（例）」

		知識及び技能	思考力，判断力，表現力等	学びに向かう力，人間性等
学習指導要領 2 内容		イ　次の(ｱ)から(ｳ)までについて理解すること。 （ｱ）曲想と音楽の構造との関わり （ｲ）音楽の特徴とその背景となる文化や歴史，他の芸術との関わり （ｳ）我が国や郷土の伝統音楽及び諸外国の様々な音楽の特徴と，その特徴から生まれる音楽の多様性 〔共通事項〕 イ　音楽を形づくっている要素及びそれらに関わる用語や記号などについて，音楽における働きと関わらせて理解すること。	ア　鑑賞に関わる知識を得たり生かしたりしながら，次の(ｱ)から(ｳ)までについて考え，音楽のよさや美しさを味わって聴くこと。 （ｱ）曲や演奏に対する評価とその根拠 （ｲ）生活や社会における音楽の意味や役割 （ｳ）音楽表現の共通性や固有性 〔共通事項〕 ア　音楽を形づくっている要素や要素同士の関連を知覚し，それらの働きが生み出す特質や雰囲気を感受しながら，知覚したことと感受したこととの関わりについて考えること。	※内容には，学びに向かう力，人間性等について示されていないことから，該当学年の目標(3)を参考にする。

		知識・技能	思考・判断・表現	主体的に学習に取り組む態度
内容のまとまりごとの評価規準例		・曲想と音楽の構造との関わりについて理解している。 ・音楽の特徴とその背景となる文化や歴史，他の芸術との関わりについて理解している。 ・我が国や郷土の伝統音楽及び諸外国の様々な音楽の特徴と，その特徴から生まれる音楽の多様性について理解している。	・<u>音楽を形づくっている要素や要素同士の関連を知覚し，それらの働きが生み出す特質や雰囲気を感受しながら，知覚したことと感受したこととの関わりについて考える</u>とともに，曲や演奏に対する評価とその根拠について考え，音楽のよさや美しさを味わって聴いている。 ・（上記下線部と同様），生活や社会における音楽の意	・音楽活動を楽しみながら主体的・協働的に鑑賞の学習活動に取り組もうとしている。 ※必要に応じて学年別の評価の観点の趣旨のうち「主体的に学習に取り組む態度」に関わる部分を用いて作成する。

| | | 味や役割について考え，音楽のよさや美しさを味わって聴いている。
・（上記下線部と同様），音楽表現の共通性や固有性について考え，音楽のよさや美しさを味わって聴いている。 | |

第3編

題材ごとの学習評価について

（事例）

第1章　「内容のまとまりごとの評価規準」の考え方を踏まえた評価規準の作成

1　本編事例における学習評価の進め方について

　題材における観点別学習状況の評価を実施するに当たり，まずは年間の指導と評価の計画を確認することが重要である。その上で，学習指導要領の目標や内容，「内容のまとまりごとの評価規準」の考え方等を踏まえ，以下のように進めることが考えられる。なお，複数の題材にわたって評価を行う場合など，以下の方法によらない事例もあることに留意する必要がある。

評価の進め方	留意点
1　題材の目標を作成する	○　学習指導要領の目標や内容，学習指導要領解説等を踏まえて作成する。 ○　生徒の実態，前題材までの学習状況等を踏まえて作成する。 ※　題材の目標及び評価規準の関係性（イメージ）については下図参照 **題材の目標及び評価規準の関係性について（イメージ図）** 学習指導要領　　第1編第2章1（2）を参照 「内容のまとまりごとの評価規準」 学習指導要領解説等を参考に，各学校において授業で育成を目指す資質・能力を明確化 「内容のまとまりごとの評価規準」の考え方等を踏まえて作成 題材の目標　　第3編第1章2を参照 題材の評価規準 ※ 外国語科及び外国語活動においてはこの限りではない．
2　題材の評価規準を作成する	
3　「指導と評価の計画」を作成する	○　1，2を踏まえ，評価場面や評価方法等を計画する。 ○　どのような評価資料（生徒の反応やノート，ワークシート，作品等）を基に，「おおむね満足できる」状況（B）と評価するかを考えたり，「努力を要する」状況（C）への手立て等を考えたりする。
授業を行う	○　3に沿って観点別学習状況の評価を行い，生徒の学習改善や教師の指導改善につなげる。
4　観点ごとに総括する	○　集めた評価資料やそれに基づく評価結果などから，観点ごとの総括的評価（A，B，C）を行う。

2　題材の評価規準の作成のポイント

題材の評価規準作成のポイントは，以下のとおりである。

（1）知識・技能

- ・「知識」については，観点の趣旨を「〜について理解している。」と示しているため，そのまま評価規準として設定することができる。具体的には，「〜」の部分に，その題材の領域や分野，学習内容等に応じて事項イの(ア)，(イ)，(ウ)から一つ以上を適切に選択して置き換える。
- ・「技能」については，技能を身に付けて表現している状態を評価することになるため，観点の趣旨を「創意工夫を生かした音楽表現をするために必要な技能を身に付け，〜で表している。」と示し，その文言を用いて評価規準を設定する。具体的には，「創意工夫を生かした音楽表現をするために必要な技能」の部分を，その題材の分野や学習内容等に応じた事項ウに置き換える。歌唱，器楽については，事項ウの(ア)，(イ)のいずれか又は両方を適切に選択して置き換える。また，「〜」の部分に，「A表現」において扱う分野に応じて，「歌唱」，「器楽」，「創作」から選択して置き換える。なお，「B鑑賞」の題材においては設定しない。
- ・(ア)，(イ)などのように複数の事項を示しているものについては，題材の目標に照らして，一つ以上を選択して設定するが，複数の事項を選択した際，それらの内容についての評価場面や評価方法が同じである場合は，「及び」や「とともに」などでつなぎ，一文で表記することも考えられる。
- ・歌唱，器楽，鑑賞の事項イの(ア)に示している「音楽の構造」とは，音楽を形づくっている要素そのものや要素同士の関わり方及び音楽全体がどのように成り立っているかなど，音や要素の表れ方や関係性，音楽の構成や展開の有り様などである。「知識」の評価規準における「音楽の構造」については，「思考・判断・表現」の評価規準において位置付けた音楽を形づくっている要素との関わりを十分考慮して，指導と評価を行う必要がある。例えば，「思考・判断・表現」の評価規準で「音色」を選択して位置付けている題材の場合，生徒が「音色」を知覚し，それらの働きが生み出す特質や雰囲気を感受しながら，知覚したことと感受したこととの関わりについて「この曲の前半は弦楽器の音色が中心で落ち着いた感じがするけれど，後半は金管楽器が出てきて華やかな感じになる」などのように考えることと，「音楽の構造」を捉えることとを関連付けて指導することが大切である。このように，「知識」の評価規準における「音楽の構造」は，「思考・判断・表現」の評価規準の中で選択した音楽を形づくっている要素との関わりの中で捉えていくことのできるものとして設定することが大切である。

（2）思考・判断・表現

- ・「思考・判断・表現」については，観点の趣旨を①〔共通事項〕アに関すること，②「A表現」に関すること，③「B鑑賞」に関することで構成し，「〜している。」と示している。したがって，「A表現」の学習では①と②で構成することによって評価規準を設定することができる。なお，②については，創意工夫している状態を評価することになるため，観点の趣旨を「どのように表すかについて思いや意図をもっている」と示し，その文言を用いて評価規準を設定する。また，「B鑑賞」の学習では①と③で構成することによって評価規準を設定することができる。なお，①については，その文末を「考えるとともに，」とし，③については，観点の趣旨の「音楽を（自分なりに）評価しながら」（（　）内は第１学年）の部分に，その題材の学習内容等に応じて事項アの(ア)，(イ)，(ウ)から一つ以上を適切に選択して置き換える。

・「音楽を形づくっている要素」の部分は，音色，リズム，速度，旋律，テクスチュア，強弱，形式，構成などの中から，その題材の学習内容を踏まえて適切に選択して置き換える。なお，音楽を形づくっている要素については，〔共通事項〕アを「思考力，判断力，表現力等」に関する資質・能力として明確化したことの趣旨を踏まえ，「生徒の思考・判断のよりどころとなる」ものとして適切に選択することが大切である。

・事項アの前半の「知識や技能を得たり生かしたりしながら」は，「知識及び技能」と「思考力，判断力，表現力等」とがどのような関係にあるかを明確にするために示している文言であるため，題材の評価規準としては設定しない。

（3）主体的に学習に取り組む態度

・「主体的に学習に取り組む態度」については，観点の趣旨を「〜取り組もうとしている」と示しているため，そのまま評価規準として設定することができる。

・文頭に，「○○に関心をもち」を加え，その題材の学習において生徒に興味・関心をもたせたい事柄を記載する。その際，「○○に関心をもち」の「○○」は，「その題材の学習に粘り強く取り組んだり，自らの学習を調整しようとする意思をもったりできるようにするために必要な，扱う教材曲や曲種等の特徴，学習内容など，生徒に興味・関心をもたせたい事柄」となるよう，十分に吟味して設定する。なお，「関心をもち」は，主体的・協働的に学習活動に取り組めるようにするために必要なものであり，「関心をもっているか」のみを評価するものではない。

・観点の趣旨に示している「音や音楽，音楽文化に親しむことができるよう」は，「主体的に学習に取り組む態度」における音楽科の学習の目指す方向性を示している文言であるため，題材の評価規準としては設定しない。また，「学習活動」とは，その題材における「知識及び技能」の習得や「思考力，判断力，表現力等」の育成に係る学習活動全体を指している。

・観点の趣旨に示している「楽しみながら」は，「主体的・協働的に」に係る文言であり，「楽しみながら取り組んでいるか」を評価するものではない。あくまで，主体的・協働的に取り組む際に「楽しみながら」取り組めるように指導を工夫する必要があることを示唆しているものである。

＜参考：評価の観点及びその趣旨（中学校　音楽）＞

知識・技能	思考・判断・表現	主体的に学習に取り組む態度
・曲想と音楽の構造や背景などとの関わり及び音楽の多様性について理解している。 ・創意工夫を生かした音楽表現をするために必要な技能を身に付け，歌唱，器楽，創作で表している。	音楽を形づくっている要素や要素同士の関連を知覚し，それらの働きが生み出す特質や雰囲気を感受しながら，知覚したことと感受したこととの関わりについて考え，どのように表すかについて思いや意図をもったり，音楽を評価しながらよさや美しさを味わって聴いたりしている。	音や音楽，音楽文化に親しむことができるよう，音楽活動を楽しみながら主体的・協働的に表現及び鑑賞の学習活動に取り組もうとしている。

<参考：表1　第1学年「A表現」>

知識・技能	思考・判断・表現	主体的に学習に取り組む態度
・[事項イの(ア)，(イ)のいずれか又は両方]について理解している。【知識】 ・[事項ウの(ア)，(イ)のいずれか又は両方]を身に付け，歌唱(※器楽分野の場合は「器楽」，創作分野の場合は「創作」)で表している。【技能】	[音色，リズム，速度，旋律，テクスチュア，強弱，形式，構成などのうち，その題材の学習において生徒の思考・判断のよりどころとなるものとして適切に選択した主な音楽を形づくっている要素]を知覚し，それらの働きが生み出す特質や雰囲気を感受しながら，知覚したことと感受したこととの関わりについて考え，どのように歌うか(※器楽分野の場合は「演奏するか」，創作分野の場合は「音楽をつくるか」)について思いや意図をもっている。	[その題材の学習に粘り強く取り組んだり，自らの学習を調整しようとする意思をもったりできるようにするために必要な，扱う教材曲や曲種等の特徴，学習内容など，生徒に興味・関心をもたせたい事柄]に関心をもち，音楽活動を楽しみながら主体的・協働的に歌唱(※器楽分野の場合は「器楽」，創作分野の場合は「創作」)の学習活動に取り組もうとしている。

<参考：表2　第2学年及び第3学年「B鑑賞」>

知識・技能	思考・判断・表現	主体的に学習に取り組む態度
・[事項イの(ア)，(イ)，(ウ)のうち一つ以上]について理解している。【知識】 (「技能」に関する評価規準は設定しない。)	[音色，リズム，速度，旋律，テクスチュア，強弱，形式，構成などのうち，その題材の学習において生徒の思考・判断のよりどころとなるものとして適切に選択した主な音楽を形づくっている要素]を知覚し，それらの働きが生み出す特質や雰囲気を感受しながら，知覚したことと感受したこととの関わりについて考えるとともに，[事項アの(ア)，(イ)，(ウ)のうち一つ以上]について考え，音楽のよさや美しさを味わって聴いている。	[その題材の学習に粘り強く取り組んだり，自らの学習を調整しようとする意思をもったりできるようにするために必要な，扱う教材曲や曲種等の特徴，学習内容など，生徒に興味・関心をもたせたい事柄]に関心をもち，音楽活動を楽しみながら主体的・協働的に鑑賞の学習活動に取り組もうとしている。

　表1及び表2のゴシック体の［　］内は，題材で扱う学習内容に合わせて適切に選択した指導事項に置き換えたり，適切な文言を挿入したりする部分である。

【題材の評価規準（例）】

<例1>　第1学年

A表現(1)において，事項ア，イ(ア)，ウ(イ)で題材を構想している場合の例

> ア　歌唱表現に関わる知識や技能を得たり生かしたりしながら，歌唱表現を創意工夫すること。
> イ　次の(ア)及び(イ)について理解すること。
> 　(ア) 曲想と音楽の構造や歌詞の内容との関わり
> ウ　次の(ア)及び(イ)の技能を身に付けること。
> 　(イ) 創意工夫を生かし，全体の響きや各声部の声などを聴きながら他者と合わせて歌う技能

	知識・技能	思考・判断・表現	主体的に学習に取り組む態度
題材の評価規準　例	知（※1）　曲想と音楽の構造や歌詞の内容との関わりについて理解している。 技（※1）　創意工夫を生かし，全体の響き~~や各声部の声など~~（※2）を聴きながら他者と合わせて歌う技能を身に付け，歌唱で表している。	思（※1）　音色，速度，旋律（※3）を知覚し，それらの働きが生み出す特質や雰囲気を感受しながら，知覚したことと感受したこととの関わりについて考え，どのように歌うかについて思いや意図をもっている。	態（※1）　旋律と言葉との関係に関心をもち，（※4）音楽活動を楽しみながら主体的・協働的に歌唱の学習活動に取り組もうとしている。

※1：「知識」と「技能」は，それぞれ分けて指導事項を示していること，また評価方法や評価場面が異なることが想定されること等を踏まえ，知，技と分けて略記している。「思考・判断・表現」と「主体的に学習に取り組む態度」については，それぞれ思，態と略記している。

※2：事項に示している内容のうち，本題材の学習で扱わない部分については削除できる。

※3：「音楽を形づくっている要素」には，中学校学習指導要領第5節音楽の「第3　指導計画の作成と内容の取扱い」の2(9)に示した「音色，リズム，速度，旋律，テクスチュア，強弱，形式，構成など」の中から，その題材の学習において生徒の思考・判断のよりどころとなる主な音楽を形づくっている要素を適切に選択して記載する。

※4：文頭に，その題材の学習に粘り強く取り組んだり，自らの学習を調整しようとする意思をもったりできるようにするために必要な，扱う教材曲や曲種等の特徴，学習内容など，生徒に興味・関心をもたせたい事柄を記載する。

<参考>

○　第2学年及び第3学年の「A表現」において「思考・判断・表現」の評価規準を作成する際は，以下の点に留意する。

歌唱，器楽	創作
思　音楽を形づくっている要素を知覚し，それらの働きが生み出す特質や雰囲気を感受しながら，知覚したことと感受したこととの関わりについて考え，曲にふさわしい歌唱（器楽）表現としてどのように表すかについて思いや意図をもっている。	思　音楽を形づくっている要素を知覚し，それらの働きが生み出す特質や雰囲気を感受しながら，知覚したことと感受したこととの関わりについて考え，まとまりのある創作表現としてどのように表すかについて思いや意図をもっている。

波線部のように，「歌唱，器楽」と「創作」とでは，事項アに示している文言が異なること，また，第1学年とは観点の趣旨の文言が異なることなどを踏まえて評価規準を設定する。

<＜例2＞　第2学年及び第3学年

B鑑賞(1)において，事項ア(ア)，イ(イ)で題材を構想している場合の例

> ア　鑑賞に関わる知識を得たり生かしたりしながら，次の(ア)から(ウ)までについて考え，音楽のよさや美しさを味わって聴くこと。
>
> 　(ア)　曲や演奏に対する評価とその根拠
>
> イ　次の(ア)から(ウ)までについて理解すること。
>
> 　(イ)　音楽の特徴とその背景となる文化や歴史，他の芸術との関わり

第3編

	知識・技能	思考・判断・表現	主体的に学習に取り組む態度
題材の評価規準　例	知(※1)　音楽の特徴とその背景となる文化や歴史，~~他の芸術~~(※2)との関わりについて理解している。	思(※1)　旋律，テクスチュア，強弱(※3)を知覚し，それらの働きが生み出す特質や雰囲気を感受しながら，知覚したことと感受したこととの関わりについて考えるとともに，曲や演奏に対する評価とその根拠について考え，音楽のよさや美しさを味わって聴いている。	態(※1)　音楽の雰囲気の移り変わりに関心をもち，(※4)音楽活動を楽しみながら主体的・協働的に鑑賞の学習活動に取り組もうとしている。

※1：各観点の略記の仕方については，＜例1＞と同様。

※2，※3，※4については，＜例1＞と同様のため省略。

＜参考＞

○　「B鑑賞」において「思考・判断・表現」の評価規準を作成する際は，以下の点に留意する。

第1学年 (事項ア(ア)の場合で例示)	第2学年及び第3学年 (事項ア(ア)の場合で例示)
思　音楽を形づくっている要素を知覚し，それらの働きが生み出す特質や雰囲気を感受しながら，知覚したことと感受したこととの関わりについて考えるとともに，曲や演奏に対する評価とその根拠について自分なりに考え，音楽のよさや美しさを味わって聴いている。	思　音楽を形づくっている要素を知覚し，それらの働きが生み出す特質や雰囲気を感受しながら，知覚したことと感受したこととの関わりについて考えるとともに，曲や演奏に対する評価とその根拠について考え，音楽のよさや美しさを味わって聴いている。

　波線部のように，「第1学年」と「第2学年及び第3学年」とでは，事項アに示している文言が異なるため，事項の文言に合わせて評価規準を設定する。

第2章 学習評価に関する事例について

1 事例の特徴

第1編第1章2（4）で述べた学習評価の改善の基本的な方向性を踏まえつつ，平成29年改訂学習指導要領の趣旨・内容の徹底に資する評価の事例を示すことができるよう，本参考資料における事例は，原則として以下のような方針を踏まえたものとしている。

○ **題材に応じた評価規準の設定から評価の総括までとともに，生徒の学習改善及び教師の指導改善までの一連の流れを示している**

本参考資料で提示する事例は，いずれも，題材の評価規準の設定から評価の総括までとともに，評価結果を生徒の学習改善や教師の指導改善に生かすまでの一連の学習評価の流れを念頭においたものである（事例の一つは，この一連の流れを特に詳細に示している）。なお，観点別の学習状況の評価については，「おおむね満足できる」状況，「十分満足できる」状況，「努力を要する」状況と判断した生徒の具体的な状況の例などを示している。「十分満足できる」状況という評価になるのは，生徒が実現している学習の状況が質的な高まりや深まりをもっていると判断されるときである。

○ **観点別の学習状況について評価する時期や場面の精選について示している**

報告や改善等通知では，学習評価については，日々の授業の中で生徒の学習状況を適宜把握して指導の改善に生かすことに重点を置くことが重要であり，観点別の学習状況についての評価は，毎回の授業ではなく原則として単元や題材など内容や時間のまとまりごとに，それぞれの実現状況を把握できる段階で行うなど，その場面を精選することが重要であることが示された。このため，観点別の学習状況について評価する時期や場面の精選について，「指導と評価の計画」の中で，具体的に示している。

○ **評価方法の工夫を示している**

生徒の反応やノート，ワークシート，作品等の評価資料をどのように活用したかなど，評価方法の多様な工夫について示している。

2　各事例概要一覧と事例

[事例1]　キーワード　指導と評価の計画から評価の総括まで

「歌詞が表す情景や心情を思い浮かべ，曲想を味わいながら表現を工夫して歌おう」（第2学年）

　本事例は，「荒城の月」（土井晩翠作詞／滝廉太郎作曲），「早春賦」（吉丸一昌作詞／中田章作曲）を教材として，曲想と音楽の構造や歌詞の内容との関わりを理解しながら，曲にふさわしい歌唱表現を創意工夫して歌う歌唱の題材である。学習指導要領の内容は，「A表現」(1)歌唱の事項ア，イ(ア)，ウ(ア)，〔共通事項〕（本題材の学習において，生徒の思考・判断のよりどころとなる主な音楽を形づくっている要素：「リズム（拍子）」，「速度」，「旋律（音のつながり方やフレーズ）」，「強弱」）を扱う。ここでは，指導と評価の計画から評価の総括までについて紹介している。

[事例2]　キーワード　「主体的に学習に取り組む態度」の評価

「楽器の音色の違いを感じ取り，三味線の特徴を理解して演奏しよう」（第2学年）

　本事例は，長唄「鳥羽絵」の一部を教材として，三味線の音色や響きと奏法との関わりを理解しながら，三味線の音色を生かした曲にふさわしい器楽表現を創意工夫して演奏する器楽の題材である。学習指導要領の内容は，「A表現」(2)器楽の事項ア，イ(イ)，ウ(ア)，〔共通事項〕（本題材の学習において，生徒の思考・判断のよりどころとなる主な音楽を形づくっている要素：「音色」，「リズム（間）」，「旋律（節回し）」）を扱う。ここでは，「主体的に学習に取り組む態度」の評価について紹介している。

[事例3]　キーワード　「思考・判断・表現」の評価

「音楽の多様性を理解して，世界の様々な合唱のよさや美しさを味わおう」（第3学年）

　本事例は，世界の様々な合唱から「ピレンツェの歌」（ブルガリア共和国），「アリロ」（ジョージア），「バイェテ」（南アフリカ共和国）の3曲を教材として，共通性や固有性について考えたり音楽の特徴や多様性を理解したりして，そのよさや美しさを味わって聴く鑑賞の題材である。学習指導要領の内容は，「B鑑賞」(1)鑑賞の事項ア(ウ)，イ(ウ)，〔共通事項〕（本題材の学習において，生徒の思考・判断のよりどころとなる主な音楽を形づくっている要素：「音色」，「テクスチュア」）を扱う。ここでは，「思考・判断・表現」の評価について紹介している。

[事例4]　キーワード　「知識・技能」の評価，「A表現」と「B鑑賞」との関連

「音色や音の重なり方の特徴を捉え，リズムアンサンブルの音楽を楽しもう」（第1学年）

　本事例は，表したいイメージと音素材の特徴及び音の重なり方などとの関わりを理解しながら2声のリズムアンサンブルをつくる創作と，S.ライヒ作曲の「クラッピングミュージック」，「木片のための音楽」を教材として曲想と音楽の構造との関わりを理解しながらよさや美しさを味わって聴く鑑賞との関連を図った題材である。学習指導要領の内容は，「A表現」(3)創作の事項ア，イ(イ)，ウ，「B鑑賞」の事項ア(ア)，イ(ア)，〔共通事項〕（本題材の学習において，生徒の思考・判断のよりどころとなる主な音楽を形づくっている要素：「音色」，「テクスチュア（音の重なり方）」）を扱う。ここでは，「知識・技能」の評価について紹介している。

音楽科　事例1

キーワード　指導と評価の計画から評価の総括まで

題材名	内容のまとまり
歌詞が表す情景や心情を思い浮かべ，曲想を味わいながら表現を工夫して歌おう（第2学年）	〔第2学年及び第3学年〕 　「A表現」(1) 歌唱　及び　〔共通事項〕(1)

（右欄外）

1　題材の目標

(1)　「荒城の月」，「早春賦」の曲想と音楽の構造や歌詞の内容との関わりについて理解するとともに，創意工夫を生かした表現で「早春賦」を歌うために必要な発声，言葉の発音，身体の使い方などの技能を身に付ける。

(2)　「荒城の月」，「早春賦」のリズム，速度，旋律，強弱を知覚し，それらの働きが生み出す特質や雰囲気を感受しながら，知覚したことと感受したこととの関わりについて考え，「早春賦」にふさわしい歌唱表現を創意工夫する。

(3)　「荒城の月」，「早春賦」の歌詞が表す情景や心情及び曲の表情や味わいに関心をもち，音楽活動を楽しみながら主体的・協働的に歌唱の学習活動に取り組むとともに，我が国で長く歌われている歌曲に親しむ。

※「題材の目標」は，次のように一文で示すことも考えられる。

　「荒城の月」，「早春賦」の曲想と音楽の構造や歌詞の内容との関わりについて理解するとともに，「早春賦」にふさわしい歌唱表現を創意工夫して歌い，我が国で長く歌われている歌曲に親しむ。

2　本題材で扱う学習指導要領の内容

第2学年及び第3学年　A表現 (1) 歌唱

　ア　歌唱表現に関わる知識や技能を得たり生かしたりしながら，曲にふさわしい歌唱表現を創意工夫すること。

　イ　次の(ｱ)及び(ｲ)について理解すること。

　　(ｱ) 曲想と音楽の構造や歌詞の内容及び曲の背景との関わり

　ウ　次の(ｱ)及び(ｲ)の技能を身に付けること。

　　(ｱ) 創意工夫を生かした表現で歌うために必要な発声，言葉の発音，身体の使い方などの技能

〔共通事項〕(1)

　　(本題材の学習において，生徒の思考・判断のよりどころとなる主な音楽を形づくっている要素：「リズム」，「速度」，「旋律」，「強弱」)

3　題材の評価規準

知識・技能	思考・判断・表現	主体的に学習に取り組む態度
知　「荒城の月」，「早春賦」の曲想と音楽の構造や歌詞の内容との関わりを理解している。 技　創意工夫を生かした表現で「早春賦」を歌うために必要な発声，言葉の発音，身体の使い方などの技能を身に付け，歌唱で表している。	思　「荒城の月」，「早春賦」のリズム，速度，旋律，強弱を知覚し，それらの働きが生み出す特質や雰囲気を感受しながら，知覚したことと感受したこととの関わりについて考え，「早春賦」にふさわしい歌唱表現としてどのように表すかについて思いや意図をもっている。	態　「荒城の月」，「早春賦」の歌詞が表す情景や心情及び曲の表情や味わいに関心をもち，音楽活動を楽しみながら主体的・協働的に歌唱の学習活動に取り組もうとしている。

第3編
事例1

4　指導と評価の計画（4時間）

時	◆ねらい　○学習内容　・学習活動	知・技	思	態
		〈　〉内は評価方法		
1	◆「荒城の月」，「早春賦」の歌詞が表す情景や心情及び曲の表情や味わいなどに関心をもつ。			
	○「荒城の月」，「早春賦」の歌詞の内容や曲想に関心をもつ。 　・「荒城の月」，「早春賦」のＣＤを聴いて印象などを自由に話し合う。 　・「荒城の月」，「早春賦」それぞれの1番について，歌詞を音読したり歌ったりして，歌詞が表す情景や心情，曲の雰囲気などをワークシートⅠ－①に書く。 　※ワークシートは本事例の最終頁を参照 　・書いたことを基にして学級全体で発表し合い，他の生徒の意見でよいと思ったことをワークシートⅠ－①に書き加える。 ○「荒城の月」，「早春賦」の音楽の特徴の相違点などに気付く。 　・二つの曲を歌い比べながら，それぞれの音楽について気付いた特徴をワークシートⅠ－②に書く。（第2時以降の学習に生かす。）			
2	◆「荒城の月」の音楽を形づくっている要素を知覚し，それらの働きが生み出す特質や雰囲気を感受するとともに，知覚したことと感受したこととの関わりについて考える。			
	○「荒城の月」の音楽を形づくっている要素を知覚し，それらの働きが生み出す特質や雰囲気を感受する。 　・「荒城の月」を歌ったりＣＤを聴いたりして，リズム（拍子），速度，旋律（音のつながり方やフレーズ），強弱を知覚・感受し，捉えた音楽の特徴をワークシートⅡ－①に書く。 ○「荒城の月」について知覚したことと感受したこととの関わりについ			

て考えるとともに，音楽の特徴と歌詞の内容とを関わらせて歌う。

・ワークシートⅡ−①に書いた「音楽を形づくっている要素」と「感じ取ったこと」を線で結び，適宜，書いた内容を修正する。

・歌詞の内容をワークシートⅡ−②に端的に書き，音楽の特徴と歌詞の内容との関わりも意識して，「荒城の月」を歌う。（「音楽の特徴」と「歌詞の内容」を線で結ぶ。）

○ 前時の学習を想起して「早春賦」を歌う。

・「荒城の月」との雰囲気の違いを感じながら歌う。

・「早春賦」の歌詞，リズム，音高などを意識しながら歌う。

| 3 | ◆「荒城の月」と対比しながら，「早春賦」のリズム（拍子），速度，旋律（音のつながり方やフレーズ），強弱などの特徴を捉え，曲想と音楽の構造や歌詞の内容との関わりを理解するとともに，音楽表現を創意工夫する。 | | | |

○「早春賦」の歌詞が表す情景や心情を想像して歌う。

・「早春賦」の歌詞を読み，歌詞が表している情景や心情について話し合い，それらを思い浮かべながら「早春賦」を歌う。

○「荒城の月」と対比するなどして，「早春賦」のリズム（拍子），速度，旋律（音のつながり方やフレーズ），強弱を知覚・感受し，「早春賦」の曲想や歌詞の内容を味わい，音楽の構造との関わりを踏まえて曲にふさわしい音楽表現を追求する。

・「早春賦」について，知覚したことと感受したこととの関わりについて考え，どのように歌うかについて意見交換をする（グループ）。その際，ワークシートⅠ，Ⅱに書いた内容を振り返って「荒城の月」と対比したり，楽譜（旋律，歌詞，記号など）を手掛かりにしたりする。

・知覚したことと感受したこととの関わりについて考えたことを基に，6/8拍子の感じ方，速度，音のつなげ方やフレーズの捉え方，強弱などを変えて様々に歌い試しながら，「早春賦」にふさわしい音楽表現について考える（グループ）。

・どのように歌うかについての思いや意図をワークシートⅢの1の楽譜に書き込み，特に表現を工夫するポイント（理由も含む）をワークシートⅢの2に書く（個人）。

・ワークシートⅢに書いたことを発表し合い，グループや学級全体で歌い試しながら，「早春賦」にふさわしい音楽表現について共有する。

知
〈ワークシートⅠ・Ⅱ・Ⅲ〉

思
〈観察〉
〈ワークシートⅢ〉

| 4 | ◆創意工夫を生かして「早春賦」を歌う。 | | | |

○ 創意工夫を生かした表現をするための歌い方を追求する。

・前時で取り組んだ音楽表現の創意工夫を想起しながら，曲にふさわしい音楽表現となるように学級全体やグループで，発声，言葉の発音，呼吸する際の身体の使い方などをいろいろと試す。 ○ 思いや意図をもって「早春賦」を歌う。 ・どのように歌うかについての思いや意図を再確認するとともに，考えが変わったりより具体的になったりしたところがある場合は，ワークシートⅢに加筆修正する。（加筆修正があった場合は，思の評価に反映する。） ・思いや意図と発声，言葉の発音，呼吸する際の身体の使い方などの技能との関係を意識しながら，グループや学級全体で歌う。 ○ 題材における学習を振り返る。 ・「荒城の月」と「早春賦」を学級全体で歌い，学習全体を振り返り，歌詞の内容，曲想，音楽の構造などに触れながら，学んだことをワークシートⅣに書く。	技 〈演奏（歌唱）〉		態 〈観察〉〈ワークシートⅣ〉

5　観点別学習状況の評価の進め方

（1）題材の評価規準の設定

　本事例では，（a）～（c）のような手順で題材の評価規準を設定した。

（a）該当学年の評価の観点とその趣旨を確認する。

　第2学年及び第3学年の評価の観点とその趣旨

	知識・技能	思考・判断・表現	主体的に学習に取り組む態度
趣旨	・曲想と音楽の構造や背景などとの関わり及び音楽の多様性について理解している。 ・創意工夫を生かした音楽表現をするために必要な技能を身に付け，歌唱，器楽，創作で表している。	音楽を形づくっている要素や要素同士の関連を知覚し，それらの働きが生み出す特質や雰囲気を感受しながら，知覚したことと感受したこととの関わりについて考え，曲にふさわしい音楽表現としてどのように表すかについて思いや意図をもったり，音楽を評価しながらよさや美しさを味わって聴いたりしている。	音や音楽，音楽文化に親しむことができるよう，音楽活動を楽しみながら主体的・協働的に表現及び鑑賞の学習活動に取り組もうとしている。

（b）本題材で扱う学習指導要領の内容を明確にする。

　第2学年及び第3学年　A表現（1）歌唱

　ア　歌唱表現に関わる知識や技能を得たり生かしたりしながら，曲にふさわしい歌唱表現を創意工夫すること。

　イ　次の(ｱ)及び(ｲ)について理解すること。

　　(ｱ)　曲想と音楽の構造や歌詞の内容及び曲の背景との関わり

ウ　次の(ｱ)及び(ｲ)の技能を身に付けること。

　　(ｱ)　創意工夫を生かした表現で歌うために必要な発声，言葉の発音，身体の使い方などの技能

〔共通事項〕(1)

　　(本題材の学習において，生徒の思考・判断のよりどころとなる主な音楽を形づくっている要素：「リズム」，「速度」，「旋律」，「強弱」)

(c) 第3編第1章の「2　題材の評価規準の作成のポイント」を参考に，本題材で扱う学習指導要領の内容に置き換える。

知識・技能	思考・判断・表現	主体的に学習に取り組む態度
・「荒城の月」，「早春賦」の(※1)曲想と音楽の構造や歌詞の内容~~及び曲の背景~~(※2)との関わりを理解している。 ・創意工夫を生かした表現で「早春賦」を(※1)歌うために必要な発声，言葉の発音，身体の使い方などの技能を身に付け，歌唱で表している。	「荒城の月」，「早春賦」の(※1)リズム，速度，旋律，強弱(※3)を知覚し，それらの働きが生み出す特質や雰囲気を感受しながら，知覚したことと感受したこととの関わりについて考え，「早春賦」(※1)にふさわしい歌唱表現としてどのように表すかについて思いや意図をもっている。	「荒城の月」，「早春賦」の(※1)歌詞が表す情景や心情及び曲の表情や味わいに関心をもち，(※4)音楽活動を楽しみながら主体的・協働的に歌唱の学習活動に取り組もうとしている。

※1：教材名を挿入した。
※2：事項に示している内容のうち，本題材の学習で扱わない部分については削除した。
※3：「音楽を形づくっている要素」には，中学校学習指導要領第5節音楽の「第3　指導計画の作成と内容の取扱い」の2(9)に示した「音色，リズム，速度，旋律，テクスチュア，強弱，形式，構成など」の中から，本題材の学習において生徒の思考・判断のよりどころとなる主な音楽を形づくっている要素を適切に選択して記載した。
※4：文頭に，本題材の学習に粘り強く取り組んだり，自らの学習を調整しようとする意思をもったりできるようにするために必要な，教材曲や曲種等の特徴，学習内容など，生徒に興味・関心をもたせたい事柄を記載した。

以上の手順で，本題材の評価規準を以下のように設定した。

知識・技能	思考・判断・表現	主体的に学習に取り組む態度
知　「荒城の月」，「早春賦」の曲想と音楽の構造や歌詞の内容との関わりを理解している。 技　創意工夫を生かした表現で「早春賦」を歌うために必要な発声，言葉の発音，身体の使い方などの技能を身に付け，歌唱で表している。	思　「荒城の月」，「早春賦」のリズム，速度，旋律，強弱を知覚し，それらの働きが生み出す特質や雰囲気を感受しながら，知覚したことと感受したこととの関わりについて考え，「早春賦」にふさわしい歌唱表現としてどのように表すかについて思いや意図をもっている。	態　「荒城の月」，「早春賦」の歌詞が表す情景や心情及び曲の表情や味わいに関心をもち，音楽活動を楽しみながら主体的・協働的に歌唱の学習活動に取り組もうとしている。

（2）題材全体の学習指導における評価の位置付けと回数

題材全体の学習指導		評価の位置付け			
		評価の観点と主な評価の対象			評価の回数
時	主な学習内容	知識・技能	思考・判断・表現	主体的に学習に取り組む態度	
1	・「荒城の月」，「早春賦」の歌詞の内容，曲想などに関心をもつ。				0
2	・音楽を形づくっている要素を知覚・感受し，「荒城の月」を歌唱する。				0
3	・前時の学習を生かして，「早春賦」の音楽表現を創意工夫する。	知 曲想と音楽の構造等との関わりの理解	思 音楽を形づくっている要素の知覚・感受に基づく歌唱表現の創意工夫		2
4	・曲にふさわしい表現で主体的に「早春賦」を歌唱する。・題材全体の学習の振り返りをする。	技 創意工夫を生かして歌う技能		態 学習活動に対する主体的・協働的な取組	2

「知識・技能」については，知識の習得に関する評価規準 知 を第3時に位置付け，曲想と音楽の構造等との関わりについての理解の状況を評価すること，技能の習得に関する評価規準 技 を第4時に位置付け，創意工夫を生かした表現で歌うために必要な技能の習得の状況を評価することとした。

「思考・判断・表現」の評価規準 思 を第3時に位置付け，第2時から第3時までの，音楽を形づくっている要素の知覚・感受，また知覚したことと感受したこととの関わりについて考えている状況や，思いや意図をもつ過程や結果の状況を評価することとした。

「主体的に学習に取り組む態度」の評価規準 態 を第4時に位置付け，第1時から第4時までの，本題材の学習活動への取組の状況について総括的に評価することとした。「主体的に学習に取り組む態度」については，本題材の学習内容等に関心がもてるようにしながら，各時間の学習活動に粘り強く取り組んでいるか，また，本題材の目標の実現に向けて自己の学習を調整しようとしながら取り組んでいるか等について継続的な把握に努め，適切な場面で総括的に評価することが求められる。

一方，実際の学習活動にあっては，これらの三つの観点に係る資質・能力は深く関わり合っている。例えば，曲想と音楽の構造や歌詞の内容との関わりについての理解は，第1時，第2時の学習が基盤となっている。また，そこでは，〔共通事項〕アに相当する思考力，判断力，表現力等がその支えとなっている。したがって教師は，生徒の状況を常に把握しながら授業を進め，様々な状況に応じた工夫のある指導を行い，生徒一人一人にとって学習が充実するように努めることが大切である。

このように，生徒の状況を常に把握し，工夫のある指導を十分に行う中で，評価規準に基づいて生徒一人一人の状況をA・B・Cで判断し，その結果を記録に残す。この評価の結果を記録に残す場面を精選し，上記のように1単位時間当たり0～2回とした。

第3編
事例1

（3）「おおむね満足できる」状況（B）と判断するポイントと「努力を要する」状況（C）と判断
　　されそうな生徒への働きかけの例

観点	評価規準	〈評価方法〉 「おおむね満足できる」状況（B）と判断するポイント 「努力を要する」状況（C）と判断されそうな生徒への働きかけの例
知識・技能	知	〈ワークシートⅠ〉 　感じ取った曲想と気付いた特徴について，おおむね妥当な内容を書いているか。
		〈ワークシートⅡ〉 　感じ取った曲想と音楽の構造に関わる要素の表れ方，歌詞の内容等を書き，それぞれの関係性をおおむね妥当に捉え，線でつないでいるか。
		〈ワークシートⅢの1〉 　楽譜に書き込まれた言葉や記号などから，「早春賦」の雰囲気や表情，味わいなどが，どのような音楽の構造や歌詞の内容によって生み出されているのかを捉えていることが見て取れるか。
		「荒城の月」と「早春賦」の雰囲気の違いなどについて対話しながら，速度を変えた演奏を聴かせるなどして，雰囲気の違いが音楽を形づくっている要素の働きによって生み出されていることに気付けるようにする。
	技	〈演奏（歌唱）〉 　創意工夫を生かした表現で歌うために必要な発声，言葉の発音，身体の使い方などの技能について学習した内容が歌唱表現に表れているか。
		生徒とともにブレスの位置を変えて歌うなどしながら，言葉のまとまりや，言葉のまとまりを生かして歌うために必要な息の量などに意識を向けられるようにする。
思考・判断・表現	思	〈観察〉 　「早春賦」にふさわしい音楽表現を追求する場面において，どのように工夫して歌いたいかについて発言したり歌い表そうとしたりしているか。
		〈ワークシートⅢ〉 　感じ取った曲想や音楽の構造，歌詞の内容などに触れながら，どのように歌いたいかについて，自分なりの思いや意図を書いているか。
		「荒城の月」と「早春賦」の雰囲気の違いなどを基に，生徒とともに「早春賦」を速度やブレスの位置を変えて歌うなどしながら，「早春賦」から感じ取った雰囲気にふさわしい表現について対話し，思いや意図がもてるよう促す。
主体的に学習に取り組む態度	態	〈観察〉 　「荒城の月」，「早春賦」の歌詞が表す情景や味わいに関心をもち，自分が知覚・感受したことや他者の気付きなどを基に，どのように歌うかについて考えたり他者と共に歌い試したりしようとしている様子が，本題材の学習を通じて見て取れたか。
		〈ワークシートⅣ〉 　学習の全体を振り返って，自分が学んだことについて，授業での学習内容を踏まえて書いているか。
		「荒城の月」や「早春賦」を，言葉のまとまりとは異なる位置でブレスをして歌ったり，速度を極端に変えて歌ったりした演奏を聴かせ，そのことによって感じる違和感などについて対話し，歌詞と旋律との関係や音楽を形づくっている要素の働きなどについて興味がもてるようにする。

6 観点別学習状況の評価の総括

（1）題材における観点ごとの総括例

《知識・技能》

　表現領域においては，本事例のように，「知識」の習得に関する評価規準 ㊟ と「技能」の習得に関する評価規準 ㊚ を設定し，それぞれについて評価した上で，「知識・技能」の評価として総括する。総括の仕方については，次のア，イ，ウなどが考えられる。

　　ア　㊟，㊚が順に「A，A」，「B，B」，「C，C」のように，両方が同じ場合は，それぞれ，《知識・技能》の評価は「A」，「B」，「C」と総括する。なお，「C」の場合は，次年度等の指導に生かすことができるような所見を残し，必要に応じて指導要録に記載できるようにする（「C」の場合の対応については，他の観点においても同様）。

　　イ　㊟，㊚が順に「A，C」，「C，A」の場合は，「B」と総括するが，このように，知識と技能の評価結果に著しい差があることを含め，次年度等の指導に生かすことができるような所見を残し，必要に応じて指導要録に記載できるようにする。

　　ウ　㊟，㊚のどちらかに「C」があり，総括の評価結果が「C」以外である場合は，「C」と評価したものについて，次年度等の指導に生かすことができるような所見を残し，必要に応じて指導要録に記載できるようにする。

　このように，表現領域では，指導事項において知識と技能とを分けて示しているため，それぞれの評価結果を総括して「知識・技能」の評価をすることが基本となる。この場合，題材単位では，その学習内容等によって知識と技能とに軽重を付けることも考えられるが，その際は，一方に著しく偏ることがないようにすること，また年間を通じて知識と技能がバランスよく育成されることなどに留意する必要がある。

　なお，鑑賞領域のみで構成した題材では，学習指導要領に「技能」に関する指導事項を示していないため，《知識・技能》の観点の評価は，「知識」のみの評価で総括することとなる。

《思考・判断・表現》

　本事例では，「思考・判断・表現」について，㊠のように，一つの評価規準を設定しているため，その評価が総括の評価結果となる。題材によっては，㊠①（〔共通事項〕アに関すること），㊠②（〔共通事項〕アを支えとして，音楽表現を創意工夫したり味わって聴いたりすること）などのように，二つの評価規準を設定することも考えられる。そのような題材で評価結果を総括する際，二つの評価結果が異なる場合は，次のア，イ，ウなどのような総括の仕方が考えられる。

　　ア　㊠①，㊠②が順に「A，B」，「B，A」，「B，C」，「C，B」などのように，㊠①と㊠②の評価結果が異なる場合は，㊠②の評価結果を総括の評価結果とする。

　　イ　㊠①が「A」，㊠②が「C」の場合は，「B」と総括する。

　　ウ　㊠①が「C」，㊠②が「A」のように，㊠②が㊠①を上回った場合は，学習の深まりや向上などを考慮して，㊠②の評価結果を総括の評価結果とする。

《主体的に学習に取り組む態度》

　本事例では，「主体的に学習に取り組む態度」について，㊗のように，一つの評価規準を設定しているため，その評価が総括の評価結果となる。

（2）学期や年間を見通した観点ごとの総括例

　学期や年間を見通した観点ごとの総括の方法には様々な考え方がある。ここでは，本題材を含む複数の題材にわたる総括例を次に示す。

〈領域・分野〉 題材名（時数）	題材の概要 （主な教材）	学習指導要領の内容	評価の観点		
			知・技	思	態
〈表現・器楽〉 楽器の音色を生かして表現しよう（3時間）	曲想と音楽の構造との関わりを理解して，表現の工夫をしながら合わせて演奏する。（リコーダー合奏曲）	・「A表現」（2） ア，イ(ア)，ウ(イ) ・〔共通事項〕（本題材の学習において，生徒の思考・判断のよりどころとなる主な音楽を形づくっている要素：「音色」，「旋律」，「テクスチュア」）	C	B	B
〈鑑賞〉 管弦楽の響きや楽曲の構造を理解し，曲想を味わおう（3時間）	曲想と音楽の構造との関わりを理解して聴き，管弦楽のよさや美しさを味わう。（管弦楽曲）	・「B鑑賞」（1） ア(ア)，イ(ア) ・〔共通事項〕（本題材の学習において，生徒の思考・判断のよりどころとなる主な音楽を形づくっている要素：「音色」，「テクスチュア」，「形式」）	A	A	B
本題材			B	B	A
〈表現・創作，鑑賞〉 箏に親しもう〜構成を生かした創作と箏曲の鑑賞（5時間）	箏の音色の特徴及び反復，変化，対照などの構成上の特徴，音楽の特徴とその背景となる文化などとの関わりを理解して，構成を生かして音楽をつくるとともに，箏曲を味わって聴く。（箏曲）	・「A表現」（3） ア，イ(イ)，ウ 「B鑑賞」（1） ア(ア)，イ(イ) ・〔共通事項〕（本題材の学習において，生徒の思考・判断のよりどころとなる主な音楽を形づくっている要素：「音色」，「速度」，「旋律」，「構成」）	B	A	A
総括例 →			B	A	A

　この例では，観点ごとの各題材の評価結果について，「A」の数と「B」の数が同数であった場合は，学期や年間を見通した総括を「A」とするという考え方をとっている。

　この他にも，例えば，題材の目標，指導内容，配当時数などを勘案し，特に重視することが妥当と考えられる題材の評価結果に重み付けを行うなど，総括には様々な方法があるので，各学校において工夫することが望まれる。

※実物は左右それぞれがA4判

本事例で用いるワークシートと生徒の記入例

【ワークシートI】

	「荒城の月」	「早春賦」
① 歌詞が表す情景や心情、曲の雰囲気など	・音を懐かしがっている ・ゆったりとした悲しい感じ 〈他者の意見から〉 ・物静かな感じの中にも、とても力強さがある	・春を待っている様子が感じられる ・流れるような 〈他者の意見から〉 ・喜んでいるような雰囲気と、残念な気持ちの両方がある ・優しい感じ
② 気付いた特徴 [拍子、速度、旋律の音のつながり方やフレーズ、強弱などに着目]	・淡々としている ・速度はゆったりしている ・短調の旋律である ・一音一音がつながるように動いていく	・リズムが生き生きしている ・旋律が上がったり下がったりして休符が少ない ・少しゆっくりになったり、強弱が変化したりする

【ワークシートII】

音楽を形づくっている要素		「荒城の月」
音楽の特徴 感じ取ったこと	拍子：	4／4拍子
	速度：	・ゆっくりした 遅さ	・音の上がり下がりが多い ・一音が長い、大きさど
	旋律の音のつながり方：		・ほとんどの音がとなりの音につながっていく
	強弱：	・力強い感じ ・声に迫力がある	・ゆったりしていて緊張感がある ・感情がこもっている感じ
② 歌詞の内容	・月はいつまでも変わらないが、人の世は変わってしまう	・音は楽えていたが、今は荒れ果ててにぎやかさがなくなってしまった

<フレーズ>
・音が上がったり下がったりが多い
・mf クレシェンド デクレシェンドが多い
・どちらも悲しい感じ

【ワークシートIII】

1 感じ取ったことやどのように歌うかについての思いや意図

「早春賦」 吉丸一昌 作詞 / 中田 章 作曲

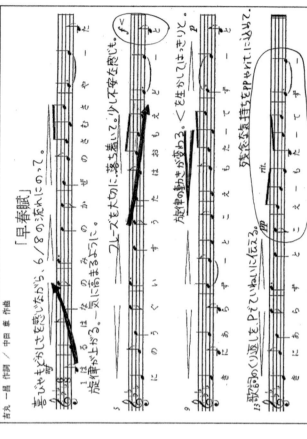

2 特に表現を工夫するポイント（理由も書きましょう）

2回目の「すーもたー」のppとrit.の表現を工夫したい。
うぐいすの鳥の為をそっとのぞきこむ残念な気持ちが伝わるようにしたいから。

【ワークシートIV】〈学習を終えて〉

「荒城の月」と「早春賦」の2曲を歌って、拍子や旋律の音のつながりに
よって、音楽の雰囲気が大きく変わることがわかりました。また、歌詞の内容を
想像しながら、作曲者が書いたところに気をつけながら、乙の曲に合った速度や
フレーズ、強弱を工夫して歌おうと、歌詞の内容や音楽をつくった人の気持ちと同じ
気持ちになって歌えることができると思いました。

「荒城の月」と「早春賦」を歌唱する学習の全体を振り返って、歌詞の内容、曲想、リズム（拍子）、速度、旋律
（音のつながり方、フレーズ）、強弱などに触れながら、学習したことについて書きましょう。

音楽科　　事例2

キーワード　「主体的に学習に取り組む態度」の評価

題材名	内容のまとまり
楽器の音色の違いを感じ取り，三味線の特徴を理解して演奏しよう（第2学年）	〔第2学年及び第3学年〕「Ａ表現」(2)器楽　及び　〔共通事項〕(1)

1　題材の目標

(1)　三味線の音色や響きと奏法との関わりを理解するとともに，創意工夫を生かした表現で演奏するために必要な奏法，身体の使い方などの技能を身に付ける。

(2)　三味線の音色や長唄の旋律（節回し），リズム（間）を知覚し，それらの働きが生み出す特質や雰囲気を感受しながら，知覚したことと感受したこととの関わりについて考え，曲にふさわしい器楽表現を創意工夫する。

(3)　三味線の構造や奏法による音色の違いに関心をもち，音楽活動を楽しみながら主体的・協働的に器楽の学習活動に取り組むとともに，我が国の伝統音楽に親しむ。

2　本題材で扱う学習指導要領の内容

第2学年及び第3学年　Ａ表現（2）器楽

　　ア　器楽表現に関わる知識や技能を得たり生かしたりしながら，曲にふさわしい器楽表現を創意工夫すること。

　　イ　次の(ｱ)及び(ｲ)について理解すること。

　　　(ｲ)　楽器の音色や響きと奏法との関わり

　　ウ　次の(ｱ)及び(ｲ)の技能を身に付けること。

　　　(ｱ)　創意工夫を生かした表現で演奏するために必要な奏法，身体の使い方などの技能

　　〔共通事項〕（1）

　　　（本題材の学習において，生徒の思考・判断のよりどころとなる主な音楽を形づくっている要素：「音色」，「リズム」，「旋律」）

3　題材の評価規準

知識・技能	思考・判断・表現	主体的に学習に取り組む態度
知　三味線の音色や響きと奏法との関わりについて理解している。 技　創意工夫を生かした表現で演奏するために必要な奏法，身体の使い方などの技能を身に付け，器楽で表している。	思　三味線の音色や長唄の旋律，リズムを知覚し，それらの働きが生み出す特質や雰囲気を感受しながら，知覚したことと感受したこととの関わりについて考え，曲にふさわしい器楽表現としてどのように演奏するかについて思いや意図をもっている。	態　三味線の構造や奏法による音色の違いに関心をもち，音楽活動を楽しみながら主体的・協働的に器楽の学習活動に取り組もうとしている。

4　指導と評価の計画（4時間）

時	◆ねらい　○学習内容　・学習活動	知・技	思	態
		\<　\> 内は評価方法		
1	◆三味線の音色を知覚し，それらの働きが生み出す特質や雰囲気を感受しながら，三味線の音色や響きと楽器の構造や奏法との関わりについて知るとともに，三味線の音色や奏法への関心をもつ。			
	○三味線の音色を知覚し，それらの働きが生み出す特質や雰囲気を感受する。 ・長唄「鳥羽絵」の一部を聴き，気付いたことや感じ取ったことを学級全体で共有し，声の出し方が合唱などとは異なることや，歌と三味線による演奏であることなどを確認する。 ・三味線の音色に気を付けて，再度，長唄「鳥羽絵」の一部を聴く。 ・クラシックギターと三味線の音色の違いや，サワリの有無による三味線の響きの違いを聴き比べ，聴き取ったことや感じ取ったことを自由に話し合う。 ○実際に音を出して試すなどして，三味線の音色への関心をもち，三味線の音色や響きと楽器の構造との関わりについて知る。 ・三味線を用いて，グループでいろいろな音の出し方を試しながら三味線らしい音色や響きを出すための音の出し方を考える。 ・グループで考えた音の出し方を学級全体で紹介し合い，そのときの音色を聴き比べる。 ・教師の説明を聞くなどして，サワリがあることで三味線固有の音色や響きが生まれることなどを知り，実際に三味線で音を出して確かめる。 ・三味線の音色の特徴について，自分が考えたことをワークシートに書く。 ○三味線の音色や響きと楽器の構造や奏法との関わりを知り，実際に体験して，三味線の奏法への関心をもつ。 ・教師の説明により三味線の構造を知る。 ・三味線を弾くときの姿勢，ばちの当て方，勘所の押さえ方などを知り，三味線らしい音を確かめながら，実際に弾いてみる。 ○題材全体を通しての学習の見通しをもつ。 ・第2時から第4時までの学習内容を確認し，本時に学習したこととのつながりや次時に向けての自身の課題などを考える。 ○本時の振り返りをする。 ・ワークシート【毎時間の振り返り】を書く。			
2	◆三味線の奏法を生かして長唄「鳥羽絵」の一節を演奏しながら，音色や響きと奏法との関わりについて理解する。			
	○三味線の「スクイ」と「ハジキ」の奏法を身に付ける。 ・「スクイ」と「ハジキ」の奏法について知る。 ・姿勢，ばちの当て方，勘所の押さえ方，「スクイ」と「ハジキ」の奏法など，長唄「鳥羽絵」の一節を演奏するために必要な基礎となる奏法について互いに助言し合いながら，交替して演奏する。 ・他者からの助言を参考にするなどして，自分がよくできたと思う点や改善したいと思う点を整理し，ワークシートに書く。 ○長唄「鳥羽絵」の一節を三味線で演奏する。 ・学級全体で，長唄「鳥羽絵」の一節「ぬらりくらり」の部分を口唱歌（くちしょうが）で歌い，節回しや間，奏法を確認する。			

第3編
事例2

	・グループで，三味線と口唱歌を交替しながら，「ぬらりくらり」の部分を演奏し，互いに助言し合う。 ○三味線の音色や響きと奏法との関わりについて理解したことをまとめる。 ・三味線の音色や響きと奏法との関わりについて，前時や本時の学習を通して，分かったことをワークシートに書く。 ○本時の振り返りをする。 ・ワークシート【毎時間の振り返り】を書く。	知 〈観察〉 〈ワークシート〉		
3	◆三味線の音色や奏法を生かして，長唄「鳥羽絵」の一節をどのように演奏するかについて思いや意図をもつ。			
	○長唄「鳥羽絵」の一部をもう一度聴き，長唄について知り，長唄の発声を体験する。 ・第1時の学習を想起し，長唄について知る。 ・長唄の節回しや間の取り方を知覚・感受しながら，「ぬらりくらり」の部分の模範演奏を聴く。 ・「ぬらりくらり」の部分を体験的に歌い，合唱のときに歌う声と比較するなどして，長唄の声の音色の特徴について，学級全体で意見交換をする。 ○三味線の音色や奏法に気を付けて，長唄にふさわしい演奏に近付けるためにはどのように演奏すればよいのかを追求し，思いや意図をもつ。 ・グループで，歌のみの音源に合わせて，「ぬらりくらり」の部分を演奏する。（三味線を演奏していない生徒は，口唱歌を歌う。） ・「ぬらりくらり」の部分の模範演奏の音源を繰り返し聴き，自分たちの演奏との違いに気付く。 ・三味線の音色や奏法，身体の使い方などに気を付けて，長唄にふさわしい演奏に近付けるためにはどのように演奏したらよいかを，グループで話し合って工夫し，必要に応じてワークシートの楽譜に書き込む。 ・グループで話し合ったことを参考に，どのように演奏するかについての自分の思いや意図をワークシートに書く。 ○本時の振り返りをする。 ・ワークシート【毎時間の振り返り】を書く。	思 〈観察〉 〈ワークシート〉		
4	◆三味線の音色や響きと奏法との関わりに関心をもち，本題材の学習を振り返りながら学習活動に取り組むとともに，三味線の演奏に必要な技能を身に付ける。			
	○長唄「鳥羽絵」の一節を演奏する。 ・「ぬらりくらり」の部分を聴き，グループごとに前時までの学習を振り返る。 ・グループ同士で互いに演奏し合い，聴き合う。 ・「ぬらりくらり」の部分の模範演奏を参考にしながら，「三味線らしい音色で，長唄の雰囲気が表現できているか」という観点で，自分の演奏を振り返ったり，他のグループの演奏を聴いて感想を伝えたりする。 ○題材の振り返りをする。 ・ワークシート【毎時間の振り返り】を書く。 ・振り返ったことについて学級で意見交換し，本題材を学習したことの価値を共有する。 ・学級全体で，「ぬらりくらり」の部分を演奏する。	技 〈観察〉	態 〈観察〉 〈ワークシート〉	評価の場面〈Ⅰ〉

5 観点別学習状況の評価の進め方

　ここでは，「4　指導と評価の計画」の中に示した 評価の場面〈Ⅰ〉 における「主体的に学習に取り組む態度」の評価例を紹介する。

　なお，本事例では，第4時に「主体的に学習に取り組む態度」の評価場面として 態 を位置付けて，第1時から第4時までの，本題材の学習活動への取組の状況について総括的に評価することとしている。具体的には，第1時において三味線の音色や奏法への関心をもつことができるようにした上で，第2時から第4時のグループ活動などの場面における生徒の取組の状況を観察し，ワークシート【毎時間の振り返り】の生徒の記述を補完的に扱いながら，第4時に総括的に評価する。

（1） 評価の場面〈Ⅰ〉 における〈主体的に学習に取り組む態度〉の評価例
○　主な学習活動

第1時	・実際に音を出して試すなどして三味線の音色を知覚・感受し，三味線の構造や奏法を知るとともに，体験をしながら三味線への関心をもつ。
第2時	・互いに助言し合うなどしながら，長唄「鳥羽絵」の一節を演奏するために必要な基礎となる奏法を身に付け，「ぬらりくらり」の部分を演奏する。
第3時	・長唄にふさわしい演奏に近付けるためにはどのようにしたらよいかをグループで話し合うなどして，器楽表現を創意工夫する。
第4時	・三味線の演奏に必要な技能を身に付け，「ぬらりくらり」の部分をグループ同士で互いに演奏し合う。
全　時	・授業の最後に本時の振り返りをし，ワークシート【毎時間の振り返り】を書く。

参考 　本題材の授業で使用する「鳥羽絵」の楽譜

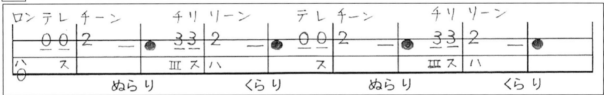

○　評価規準
　　三味線の構造や奏法による音色の違いに関心をもち，音楽活動を楽しみながら主体的・協働的に器楽の学習活動に取り組もうとしている。

○　評価方法及び「おおむね満足できる」状況（B）と判断するポイント
〈観察〉
　　第1時において，三味線の音色や奏法への関心をもつことができるようにした上で，主に，次の状況について観察する。

　　　　第2時：長唄「鳥羽絵」の一節を演奏するために必要な基礎となる奏法を，他者に助言をしたり他者からの助言を参考にしたりしながら身に付けようとして取り組んでいるか。

　　　　第3時：長唄にふさわしい器楽表現にしようと，グループで話し合って工夫しているか。

　　　　第4時：「三味線らしい音色で，長唄の雰囲気が表現できているか」の観点で，自分の演奏を振り返ったり，他のグループの演奏を聴いて感想を伝えたりしているか。

　　なお，教師はグループ活動の場面において，必要な指導を行いながら，個々の生徒の状況を観察する。観察の記録については，学級名簿や座席表などを利用して行うことも考えられるが，ここでは，次ページに示すような〈教師用チェックリスト〉を利用して記録した例を紹介する。

評価と指導の進め方については，以下の通りである。

| 第2時 | 第3時から第4時 |

全ての生徒について，粘り強く取り組んでいるかどうかを観察し，〈教師用チェックリスト〉の「粘り強く取り組んでいる様子」の欄に記録する。

→ 第2時で「おおむね満足できる」状況以上と判断した生徒については，第3時から第4時にかけて，自らの学習を調整しようとしているかを可能な範囲で観察し，〈教師用チェックリスト〉の「自己調整しようとしている様子」の欄に記録する。

→ 「努力を要する」状況と判断した生徒については，適切な指導や助言を行い，第3時から第4時で改めて粘り強く取り組んでいるかどうかを観察し，記録するとともに，自らの学習を調整しようとしているかについても可能な範囲で観察し，記録する。

「自己調整しようとしている様子」については，全ての生徒の状況を観察のみで把握することは難しいため，ワークシート【毎時間の振り返り】の記入状況と合わせて評価する。

〈教師用チェックリスト〉

	取組状況			取組状況	
	粘り強く取り組んでいる様子	自己調整しようとしている様子		粘り強く取り組んでいる様子	自己調整しようとしている様子
生徒1	○	○	生徒14		△
生徒2		他者の助言を聞き入れようとしない	生徒15	ややあきらめがち	
生徒3	奏法を身に付けることに消極的	△	生徒16	○	△

【〈教師用チェックリスト〉の記入の仕方と留意点】

粘り強く取り組んでいる様子

十分満足できる……「○」を記入する。（例　学習内容に高い関心をもち，積極的に他者と関わりながら，粘り強く取り組んでいる）

おおむね満足できる……空欄のまま（例　学習内容に関心をもち，他者と関わりながら，粘り強く取り組んでいる）

努力を要する……取組状況の欄に，具体的な状況を端的に記し，適切な指導や助言を行う。

自己調整しようとしている様子

十分満足できる……「○」を記入する。（例　自己の演奏だけでなく他者の演奏についても助言したり，グループの演奏をより高めようとしたりして，グループ全体の学習を調整しようとしている）

おおむね満足できる……空欄のまま（例　他者からの助言を参考にしたり，グループでの話し合いを参考に自己の演奏を振り返ったりして，自らの学習を調整しようとしている）

努力を要する……取組状況の欄に，具体的な状況を端的に記し，適切な指導や助言を行う。

観察だけでは判断が不十分……「△」を記入する。

※なお，〈教師用チェックリスト〉に記した「努力を要する」具体的な状況について，改善が見られた場合は，取り消し線で消し，「おおむね満足できる」状況と判断する。

〈ワークシート【毎時間の振り返り】の記入状況〉

　授業の最後に，ワークシート【毎時間の振り返り】に４段階（４，３，２，１）で自己評価をしており，その理由として，よかった点やできなかった点などを書いているか。

　なお，ワークシート【毎時間の振り返り】の記入については，自己評価を行った結果がそのまま学習評価に結び付くものではなく，生徒が自らの状況を適正に捉えることができているかということや，その理由として自らのよかった点や改善点などに気付いており，さらには次の学習への見通しをもつことができているかということが大切である。このことについて，あらかじめ生徒と共通理解を図っておくようにする。

生徒14のワークシート【毎時間の振り返り】

【毎時間の振り返り】次の点について，毎時間の自分の学習を振り返ってみましょう。			
（評価の目安）　できた…4　どちらかといえばできた…3　どちらかといえばできなかった…2　できなかった…1			
	本題材の学習の振り返り	評価	評価の理由 よかった点やできなかった点,改善点や次への見通しなどを書きましょう。
第1時	三味線の音色や奏法に関心をもち，音色や響きと楽器の構造や奏法との関わりを知ることができましたか。	2	三味線を実際にさわってみたのは楽しく積極的に取り組めたけど,音色と奏法の関係についてはよく分からなかったから
第2時	演奏に必要な奏法を生かして，三味線の音色や響きと奏法との関わりについて理解することができましたか。	3	最初は,スクイができなかったけど,友達のアドバイスでうまくできるようになり「ぬらりくらり」も大体弾けた。ばちの使い方で三味線らしい音になることがわかった
第3時	三味線の音色や奏法を生かして，長唄『鳥羽絵』の一節の表現を工夫することができましたか。	4	模範演奏を何度も聴きながら,友達と熱心に話し合って,間の取り方などを工夫することができたから。
第4時	三味線の音色や響きと奏法との関わりに関心をもち，演奏に必要な技能を身に付けて，長唄『鳥羽絵』の一節を演奏する活動に進んで取り組むことができましたか。	4	グループ同士で演奏するときはちょっと緊張して間違えたりしたけど,三味線のいろいろな音色が奏法の違いで生まれることが分かり,三味線に興味がもてたから。

　生徒14は，第２，３時を通したグループ活動の観察において，〈教師用チェックリスト〉の「取組状況」の欄には「おおむね満足できる」（空欄）と「観察だけでは判断が不十分」（△）と記録されているが，４時間を通して，ワークシート【毎時間の振り返り】に自己評価をしており，その理由として，よかった点やできなかった点などを書いている。以上のことから，「おおむね満足できる」状況（Ｂ）と判断することができる。

○「十分満足できる」状況（Ａ）の例

　生徒16は，第２，３時を通したグループ活動の観察において，〈教師用チェックリスト〉の「取組状況」の欄には「十分満足できる」（○）と「観察だけでは判断が不十分」（△）と記録されているが，４時間を通して，ワークシート【毎時間の振り返り】に自己評価をしており，その理由として，よか

った点やできなかった点だけでなく，改善点や次への見通しなどを適切に書いている。以上のことから，「十分満足できる」状況（A）と判断した。

生徒16のワークシート【毎時間の振り返り】

	本題材の学習の振り返り	評価	評価の理由 よかった点やできなかった点，改善点や次への見通しなどを書きましょう。
第1時	三味線の音色や奏法に関心をもち，音色や響きと楽器の構造や奏法との関わりを知ることができましたか。	4	三味線らしい音色の秘密はサワリという部分が関係していることが分かったから。次の時間から三味線を弾くのが楽しみだ。
第2時	演奏に必要な奏法を生かして，三味線の音色や響きと奏法との関わりについて理解することができましたか。	3	ばちの皮のところでしっかり止めたほうが，力強く三味線らしい音になることがわかった。スクイやハジキを使うと響きが変わったので，次回は奏法の違いをもっと意識して，三味線らしい音で演奏したい。
第3時	三味線の音色や奏法を生かして，長唄『鳥羽絵』の一節の表現を工夫することができましたか。	3	独特なリズムだったから難しかったけれど，三味線と歌の旋律が似ていたので一体感が出せた。模範演奏を参考にして，三味線と歌を同じくらいの大きさで演奏することで，さらに一体感が出せるようにしたい。
第4時	三味線の音色や響きと奏法との関わりに関心をもち，演奏に必要な技能を身に付けて，長唄『鳥羽絵』の一節を演奏する活動に進んで取り組むことができましたか。	4	グループ同士での演奏がうまくでき，工夫がうまく伝わったから。演奏してみて，三味線の弾き方で雰囲気が変わるな，と思った。三味線から出る日本らしい音は響きにあると感じることができた。

【毎時間の振り返り】次の点について，毎時間の自分の学習を振り返ってみましょう。
（評価の目安）できた…4　どちらかといえばできた…3　どちらかといえばできなかった…2　できなかった…1

○「努力を要する」状況（C）と判断されそうな生徒への働きかけの例

三味線の技能習得に取り組む学習活動において，意欲が減退している生徒に対しては，その生徒と対話をしたり，実際の演奏を確かめたりして，うまくできていることと難しさを感じていることを把握し，うまくできていることについては積極的に認めるとともに，難しさを感じていることについては生徒が無理なく取り組むことができるように助言をする。

長唄にふさわしい表現に近付けるために器楽表現を創意工夫する学習活動において，活動が自分の器楽表現を創意工夫することに向かっていない生徒に対しては，再度，三味線の音色や間の取り方などに注意しながら模範演奏を聴くことを勧め，気付いたことについて対話しながら，工夫できそうなポイントに気付かせ，学習の進め方などについて見通しがもてるようにする。

ワークシート【毎時間の振り返り】を書く際に，適正な自己評価ができていない生徒に対しては，本時のねらいに沿って，振り返る内容を確認させ，本時の活動の様子について質問したり，その時間に書いたワークシートの記述などを見直すように助言したりするなどして，ねらいに沿った振り返りができるようにする。

なお，学習の調整に向けた取組のプロセスには生徒一人一人の特性があることから，特定の型に沿った学習の進め方を一律に指導することのないよう配慮することが必要である。

題材名	内容のまとまり
音楽の多様性を理解して，世界の様々な合唱のよさや美しさを味わおう（第3学年）	〔第2学年及び第3学年〕 「B鑑賞」(1)鑑賞　及び　〔共通事項〕(1)

1　題材の目標

　「ピレンツェの歌」，「アリロ」，「バイェテ」の音楽の特徴と，その特徴から生まれる音楽の多様性について理解するとともに，音楽表現の共通性や固有性について考え，「ピレンツェの歌」，「アリロ」，「バイェテ」のよさや美しさを味わって聴き，世界の様々な音楽の多様性を認め大切にする態度を養う。

2　本題材で扱う学習指導要領の内容

　第2学年及び第3学年　B鑑賞 (1) 鑑賞
　　ア　鑑賞に関わる知識を得たり生かしたりしながら，次の(ｱ)から(ｳ)までについて考え，音楽のよさや美しさを味わって聴くこと。
　　　(ｳ)　音楽表現の共通性や固有性
　　イ　次の(ｱ)から(ｳ)までについて理解すること。
　　　(ｳ)　我が国や郷土の伝統音楽及び諸外国の様々な音楽の特徴と，その特徴から生まれる音楽の多様性
　　〔共通事項〕(1)
　　　（本題材の学習において，生徒の思考・判断のよりどころとなる主な音楽を形づくっている要素：「音色」，「テクスチュア」）

3　題材の評価規準

知識・技能	思考・判断・表現	主体的に学習に取り組む態度
知　「ピレンツェの歌」，「アリロ」，「バイェテ」の音楽の特徴と，その特徴から生まれる音楽の多様性について理解している。	思①　「ピレンツェの歌」，「アリロ」，「バイェテ」の音色，テクスチュアを知覚し，それらの働きが生み出す特質や雰囲気を感受しながら，知覚したことと感受したこととの関わりについて考えている。 思②　音楽表現の共通性や固有性について考え，「ピレンツェの歌」，「アリロ」，「バイェテ」のよさや美しさを味わって聴いている。	態　合唱表現の多様さに関心をもち，音楽活動を楽しみながら主体的・協働的に鑑賞の学習活動に取り組もうとしている。

【本題材で扱う教材について】
① 「ピレンツェの歌」(ブルガリア共和国)：女声合唱で歌われ，細かく揺れ動く主旋律を担当する声部とドローンを伴う声部の組合せが複数重なる構造が特徴である。ピレンツェとは「小鳥」を意味し，歌詞の大意は「愛する人といる時を大切にしよう。もうすぐ別れの時が来てしまうから」となる。
② 「アリロ」(ジョージア)：男声合唱で歌われ，メリスマ的な主旋律と主旋律に並行する副旋律，ドローンの三つの旋律が重なる構造が特徴である。アリロはクリスマスキャロルの一つである。
③ 「バイェテ」(南アフリカ共和国)：混声合唱で歌われ，各声部の旋律が長6度で重なり並行する構造が特徴である。バイェテとは「万歳」という意味である。

※以上の教材は一例である。教材は，音楽の特徴を捉えたり，比較しながら共通性や固有性について考えたりする学習を行う視点から各校の実態に合わせて選択することが望ましい。なお，本事例における図形楽譜は，冒頭部の演奏例のイメージである。また，ここでの「ドローン」とは，「4　指導と評価の計画」内に示した図形楽譜下部の持続音を指す。

4　指導と評価の計画（3時間）

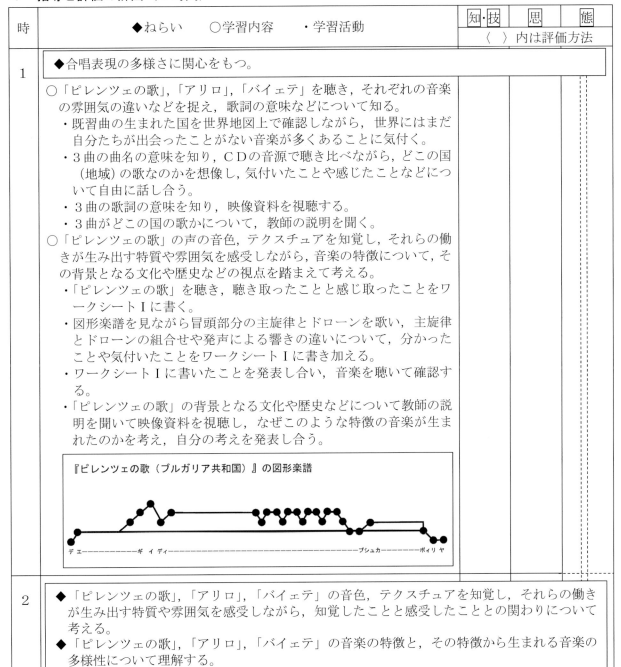

時	◆ねらい　　○学習内容　　・学習活動	知・技	思	態
			〈　〉内は評価方法	
1	◆合唱表現の多様さに関心をもつ。 ○「ピレンツェの歌」，「アリロ」，「バイェテ」を聴き，それぞれの音楽の雰囲気の違いなどを捉え，歌詞の意味などについて知る。 　・既習曲の生まれた国を世界地図上で確認しながら，世界にはまだ自分たちが出会ったことがない音楽が多くあることに気付く。 　・3曲の曲名の意味を知り，CDの音源で聴き比べながら，どこの国(地域)の歌なのかを想像し，気付いたことや感じたことなどについて自由に話し合う。 　・3曲の歌詞の意味を知り，映像資料を視聴する。 　・3曲がどこの国の歌かについて，教師の説明を聞く。 ○「ピレンツェの歌」の声の音色，テクスチュアを知覚し，それらの働きが生み出す特質や雰囲気を感受しながら，音楽の特徴について，その背景となる文化や歴史などの視点を踏まえて考える。 　・「ピレンツェの歌」を聴き，聴き取ったことと感じ取ったことをワークシートⅠに書く。 　・図形楽譜を見ながら冒頭部分の主旋律とドローンを歌い，主旋律とドローンの組合せや発声による響きの違いについて，分かったことや気付いたことをワークシートⅠに書き加える。 　・ワークシートⅠに書いたことを発表し合い，音楽を聴いて確認する。 　・「ピレンツェの歌」の背景となる文化や歴史などについて教師の説明を聞いて映像資料を視聴し，なぜこのような特徴の音楽が生まれたのかを考え，自分の考えを発表し合う。 『ピレンツェの歌（ブルガリア共和国）』の図形楽譜 デェ――――――ギ　イ　ディ――――――ブシュカ――――ポィ　リ　ヤ			
2	◆「ピレンツェの歌」，「アリロ」，「バイェテ」の音色，テクスチュアを知覚し，それらの働きが生み出す特質や雰囲気を感受しながら，知覚したことと感受したこととの関わりについて考える。 ◆「ピレンツェの歌」，「アリロ」，「バイェテ」の音楽の特徴と，その特徴から生まれる音楽の多様性について理解する。			

○「アリロ」の声の音色，テクスチュアを知覚し，それらの働きが生み出す特質や雰囲気を感受しながら，知覚したことと感受したこととの関わりについて考え，「ピレンツェの歌」との共通点や相違点を明らかにする。

・図形楽譜を見ながら「ピレンツェの歌」を聴いた後に「アリロ」を聴き，聴き取ったことと感じ取ったことをワークシートⅠに書く。
・図形楽譜を見ながら「アリロ」のドローンを歌い，音色やテクスチュアについて気付いたことや，「ピレンツェの歌」との共通点や相違点について分かったことをワークシートⅠに書き加える。
・「アリロ」の背景となる文化や歴史などについて教師の説明を聞いて映像資料を視聴し，なぜこのような特徴の音楽が生まれたのかを考え，自分の考えを発表し合う。

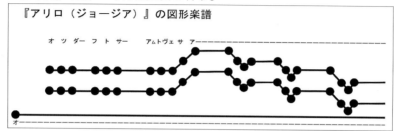

『アリロ（ジョージア）』の図形楽譜

○「バイェテ」の声の音色，テクスチュアを知覚し，それらの働きが生み出す特質や雰囲気を感受しながら，知覚したことと感受したこととの関わりについて考え，「ピレンツェの歌」，「アリロ」との共通点や相違点を明らかにする。

・「バイェテ」を聴いて，声の音色，テクスチュアについて聴き取ったことと感じ取ったことをワークシートⅠに書く。
・「バイェテ」の映像資料や図形楽譜を見ながら主旋律を歌ったり，歌いながら体の動きを真似てみたりする。
・「バイェテ」の背景となる文化や歴史などについて教師の説明を聞いて映像資料を視聴し，なぜこのような特徴の音楽が生まれたのかを考え，自分の考えを発表し合う。

『バイェテ（南アフリカ共和国）』の図形楽譜

バイェ　エテ　バイェ　エテ　オヤンマヤンマ ジェダ　ウイ ロゴエ バゴラ ウアルファノオメ ガイ シカロ ネシフェト

・「ピレンツェの歌」，「アリロ」，「バイェテ」をCDの音源で聴いたり映像資料を視聴したりしながら，共通点や相違点に着目して，新たに聴き取れたことや感じ取れたことをワークシートⅠに書き加え，聴き取ったことと感じ取ったこととの関わりについて考えたことを，線で結ぶなどして整理する。

○「ピレンツェの歌」，「アリロ」，「バイェテ」それぞれの音楽の特徴と，その特徴から生まれる音楽の多様性について理解する。

・「ピレンツェの歌」，「アリロ」，「バイェテ」の映像資料を視聴したり，その演奏に合わせて歌ったりして比較しながら，聴き取ったことや感じ取ったことをワークシートⅠに書き加える。
・教師の「なぜ音楽は多様なのか」という問いに対し，音楽の特徴と背景となる文化や歴史との関わりを視点として考え，ワークシートⅡに書く。
・自分の意見を発表し合い，再度音楽を聴きながらお互いの意見を確認し合う。

評価の場面〈Ⅰ〉

思①〈観察〉〈ワークシートⅠ〉

知〈観察〉〈ワークシートⅡ〉

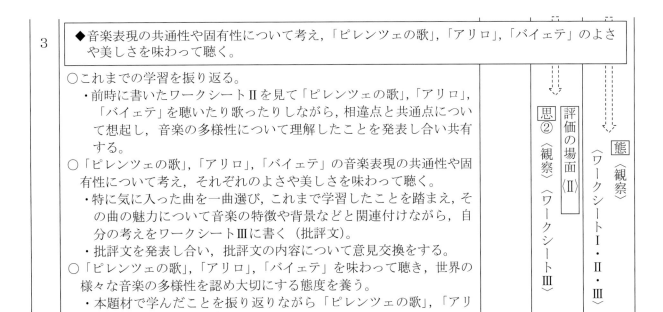

| 3 | ◆音楽表現の共通性や固有性について考え，「ピレンツェの歌」，「アリロ」，「バイェテ」のよさや美しさを味わって聴く。

○これまでの学習を振り返る。
・前時に書いたワークシートⅡを見て「ピレンツェの歌」，「アリロ」，「バイェテ」を聴いたり歌ったりしながら，相違点と共通点について想起し，音楽の多様性について理解したことを発表し合い共有する。
○「ピレンツェの歌」，「アリロ」，「バイェテ」の音楽表現の共通性や固有性について考え，それぞれのよさや美しさを味わって聴く。
・特に気に入った曲を一曲選び，これまで学習したことを踏まえ，その曲の魅力について音楽の特徴や背景などと関連付けながら，自分の考えをワークシートⅢに書く（批評文）。
・批評文を発表し合い，批評文の内容について意見交換をする。
○「ピレンツェの歌」，「アリロ」，「バイェテ」を味わって聴き，世界の様々な音楽の多様性を認め大切にする態度を養う。
・本題材で学んだことを振り返りながら「ピレンツェの歌」，「アリロ」，「バイェテ」を聴く。 | 思②〈観察〉〈ワークシートⅢ〉 | 評価の場面〈Ⅱ〉 | 態〈観察〉〈ワークシートⅠ・Ⅱ・Ⅲ〉 |

5　観点別学習状況の評価の進め方

　ここでは，「4　指導と評価の計画」の中に示した 評価の場面〈Ⅰ，Ⅱ〉 における「思考・判断・表現」の評価例を紹介する。

　なお，思①では，各曲について知覚・感受した内容とそれらの関わりについて考えている状況を評価する。思②では，3曲の音楽の特徴とその特徴から生まれる音楽の多様性について理解したことを生かしながら，音楽表現の共通性や固有性について考え，よさや美しさを味わって聴いている状況を評価し，題材末で思①と思②の評価結果を総括する。

（1）　評価の場面〈Ⅰ〉における〈思考・判断・表現①〉の評価例

○　主な学習活動

　「ピレンツェの歌」，「アリロ」，「バイェテ」を聴き比べたり実際に歌ったりしながら，音色（声の音色，女声，男声，混声），テクスチュア（旋律の重なり）について知覚したことと感受したこととの関わりについて考え，考えたことをワークシートⅠに書く。

○　評価規準

　「ピレンツェの歌」，「アリロ」，「バイェテ」の音色，テクスチュアを知覚し，それらの働きが生み出す特質や雰囲気を感受しながら，知覚したことと感受したこととの関わりについて考えている。

○　評価方法及び「おおむね満足できる」状況（B）と判断するポイント
〈ワークシートⅠ〉

　第2時で，「ピレンツェの歌」，「アリロ」，「バイェテ」を聴き比べたり実際に歌ったりして，音色，テクスチュアを知覚し，それらの働きが生み出す特質や雰囲気を感受しながら，知覚したことと感受したこととの関わりについて考え，共通点や相違点を明らかにする場面において，知覚したことと感受したこと，及びそれらの関わりについて考えたことについて，おおむね妥当な内容を書いているか。

※ワークシートⅠに書く際は，文章か箇条書きのどちらでもよいこととし，箇条書きの場合は，関わっていると考えたもの同士を線で結ぶなどして整理するように促す。

【ワークシートⅠの記入例】

曲名【 国 】	音楽の特徴（共通点や相違点など） 聴き取ったことと感じ取ったこととの関わりについて考えよう。
「ピレンツェの歌」 【ブルガリア共和国】	女声だけ 地声がきれいで不思議な感じ ずっと まっすぐのばしている音と 動く音　古い 昔から 歌われている感じ
「アリロ」 【ジョージア】	男声だけ ゆれる音と、同じ高さの低い音　重なっている お祈りのよう ── 教会で歌っている
「バイェテ」 【南アフリカ共和国】	楽器がある（打楽器）← 3曲の中で一番明るい 男女　大人数 → ハーモニーで歌っている 楽しそう 踊りながら歌っている ←

左記例の生徒は，聴き取った（知覚した）ことを左側に，感じ取った（感受した）ことを右側に，どちらに書くのか迷ったものを中央に箇条書きで書いている。音色とテクスチュアに関する記述があり，聴き取ったことと感じ取ったこととの関わりについての考えを線で結んで表している。以上のことから，「おおむね満足できる」状況（B）と判断することができる。

〈観察〉

第2時の学習活動の際，知覚したことと感受したこととの関わりや3曲の共通点や相違点についての生徒の発言やつぶやきの状況，他者の発言内容に対する反応の様子などを観察し，ワークシートⅠの記述のみでは判断できない側面を補完できるようにする。

○「十分満足できる」状況（A）の例

〈ワークシートⅠの記入状況及び観察〉

主にワークシートⅠの記述内容から判断するとともに，観察の状況で補完する。下記例の生徒は，聴き取った（知覚した）ことを左側に，感じ取った（感受した）ことを右側に書き分けている。聴き取ったこととして音色とテクスチュアに関する記述があり，かつ，その内容が詳細に書かれている。

曲名【 国 】	音楽の特徴（共通点や相違点など） 聴き取ったことと感じ取ったこととの関わりについて考えよう。
「ピレンツェの歌」 【ブルガリア共和国】	たくさんの女性が地声を響かせて合唱 ←→ 広いところ 同じ音から始まり 細かくゆれる音とまっすぐな　明るい 音に別れて また同じ音、というのが ひとつの　さみしい 　　　　　　　　　　　　　　　まとまり 強い声 ←→ 強く願っている　叫び、祈り
「アリロ」 【ジョージア】	アカペラ 男声合唱 ← → お祈りみたい 1つの言葉をゆらしながら のばしている → 教会で声が天に ブルガリアより ゆっくり ゆれる旋律 → 上っていく 追いかけるように 旋律が重なっていく → 力強い ハーモニーとドローンの組合せが、天に上っていく感じ
「バイェテ」 【南アフリカ共和国】	楽器 コンガ カバサ → 明るい 元気 地声の 混声合唱 ← 笑顔で踊りながら歌う 他の2曲とハーモニーがちがう　パワフル 同じフレーズのくり返し → エネルギッシュ！ ソロがいて合唱がこたえる ← 体がゆれる感じ

さらに，聴き取ったことと感じ取ったこととの関わりについての考えを複数の線で結んで表している。また，観察においても，音楽に聴き入り，他者の意見も参考にしながらじっくり考え，ワークシートに記入する様子が見られた。以上のことから，「十分満足できる」状況（A）と判断した。

○「努力を要する」状況（C）と判断されそうな生徒への働きかけの例

　問われている内容の理解が不十分で，何をどのように書けばよいのか分からず困っている様子が見られる場合は，板書とワークシートＩを示し，どこに何を書くのかを個別に説明する。「女の人だけで歌っていましたか？それとも男の人だけでしたか？」などと問いかけ，生徒の状況に合わせてスモールステップで問われている内容の理解を促すようにする。また，他者の意見や板書の内容を取り入れるなどして，自分の考えが書けるように促す。

（2）　評価の場面〈Ⅱ〉　における〈思考・判断・表現②〉の評価例
○　主な学習活動

　「ピレンツェの歌」，「アリロ」，「バイェテ」から特に気に入った曲を一曲選び，これまで学習したことを踏まえ，その曲の魅力について音楽の特徴や背景などと関連付けながら，自分の考えをワークシートⅢに書き，鑑賞する。

○　評価規準

　音楽表現の共通性や固有性について考え，「ピレンツェの歌」，「アリロ」，「バイェテ」のよさや美しさを味わって聴いている。

○　評価方法及び「おおむね満足できる」状況（B）と判断するポイント
〈ワークシートⅢ〉

　「ピレンツェの歌」，「アリロ」，「バイェテ」のいずれか一曲について，音楽の特徴とその特徴から生まれる音楽の多様性を根拠にして，よさや美しさ，音楽表現の共通性や固有性について，自分の考えを書いているか。

【ワークシートⅢの記入例】

　上記例の生徒は，「ピレンツェの歌」を選択した上で，よさや美しさについて「ブルガリアの昔からの生活が歌声や重なり方に表れていて，力強さやたくましさを感じられて素敵だと思った」と書いている。その根拠としては，「地声の合唱」（声の音色）と「旋律の重なり」（テクスチュア）を挙げ，それらから「たくさんの女の人たちが広い山の畑で働きながら願いをこめて歌う様子を想像した」と書いている。また，「アリロとバイェテをきいてもそれぞれちがった感じで声を合わせて歌っていて，その国の歴史や生活を感じられておもしろかった」と，音楽表現の固有性について考えたことを書いている。以上のことから，「おおむね満足できる」状況（B）と判断することができる。

〈観察〉

　第3時の学習活動の際，これまで学習したことを踏まえた，その曲の魅力や音楽の特徴，音楽の背景などとの関連についての生徒の発言やつぶやきの状況，他者の発言内容に対する反応の様子などを観察し，ワークシートⅢの記述のみでは判断できない側面を補完できるようにする。

○「十分満足できる」状況（A）の例
〈ワークシートⅢの記入状況及び観察〉

　主にワークシートⅢの記述内容から判断するとともに，観察の状況で補完する。下記例の生徒は，「アリロ」を選択した上で，よさや美しさについて，「ジョージアの男性の強さが表れたかっこいい曲だと思う」と書いている。その根拠としては，「男声の旋律がゆれながら並行に重なりドローンを重ねる響き」（テクスチュア）と「男声の力強い声の響き」（声の音色，男声）と詳細に書き，それらから「美しい音色を天にささげるような感じ」，「自分たちの宗教を守り続けていくという強い決意」と，感じ取ったことを豊かに書いている。また，「国はちがっても，声を合わせて歌うことで自分たちの気持ちを表現するのは，どの国も共通しているのかなと思った。それぞれの国の人たちが，それぞれの歌をずっと歌い継いで，自分たちの宗教や文化を大切にしていることがわかった」と，相違点に留まらず音楽全般に通じる共通性を捉えている。また，観察においても，批評文の内容について意見交換をする場面において，これまで学習したことを踏まえ，その曲の魅力について音楽の特徴や背景などと関連付けながら自分の考えを発言する様子が見られた。以上のことから，「十分満足できる」状況（A）と判断した。

○「努力を要する」状況（C）と判断されそうな生徒への働きかけの例

　問われている内容の理解が不十分で，何をどのように書けばよいのか分からず困っている様子が見られる場合は，個別に「一番気に入った曲はどれですか？」，「どんなところが気に入りましたか？」，「それはどうして？」などと問いかけ，生徒の状況に合わせてスモールステップを踏みながら設問に迫っていけるようにする。さらに「ワークシートや板書を見て，自分の聴き取ったことや感じ取ったことをもう一度まとめるつもりで書いてみよう」などと助言するなどして，自分の考えが書けるように促す。

○〈思考・判断・表現〉の総括例

　本事例では，「思考・判断・表現」について，思①（〔共通事項〕アに関すること），思②（〔共通事項〕アを支えとして音楽のよさや美しさを味わって聴くこと）のように，二つの評価規準を設定している。二つの評価結果が異なる場合は，次のア，イ，ウなどのような総括の仕方が考えられる。

　ア　思①，思②が順に「A，B」，「B，A」，「B，C」，「C，B」などのように，思①と思②の評価結果が異なる場合は，思②の評価結果を総括の評価結果とする。
　イ　思①が「A」，思②が「C」の場合は，「B」と総括する。
　ウ　思①が「C」，思②が「A」のように，思②が思①を上回った場合は，学習の深まりや向上などを考慮して，思②の評価結果を総括の評価結果とする。

キーワード　「知識・技能」の評価　，　「Ａ表現」と「Ｂ鑑賞」との関連

題材名	内容のまとまり
音色や音の重なり方の特徴を捉え，リズムアンサンブルの音楽を楽しもう（第1学年）	〔第1学年〕「Ａ表現」(3) 創作　及び　〔共通事項〕(1)／「Ｂ鑑賞」(1) 鑑賞　及び　〔共通事項〕(1)

1　題材の目標

(1) 音楽が生み出す雰囲気や表情などと音楽の構造との関わりについて理解するとともに，創意工夫を生かした表現で音楽をつくるために必要な，課題や条件に沿った音の選択や組合せなどの技能を身に付ける。

(2) 音色，テクスチュア（音の重なり方）を知覚し，それらの働きが生み出す特質や雰囲気を感受しながら，知覚したことと感受したこととの関わりについて考え，どのように音楽をつくるかについて思いや意図をもつとともに，曲や演奏に対する評価とその根拠について自分なりに考え，音楽のよさや美しさを味わって聴く。

(3) 音色やテクスチュア（音の重なり方）の違いによって生み出される雰囲気や表情などの変化に関心をもち，音楽活動を楽しみながら主体的・協働的に創作や鑑賞の学習活動に取り組むとともに，音楽に対する感性を豊かにする。

2　本題材で扱う学習指導要領の内容

第1学年　Ａ表現　(3) 創作

　ア　創作表現に関わる知識や技能を得たり生かしたりしながら，創作表現を創意工夫すること。

　イ　次の(ｱ)及び(ｲ)について，表したいイメージと関わらせて理解すること。

　　(ｲ)音素材の特徴及び音の重なり方や反復，変化，対照などの構成上の特徴

　ウ　創意工夫を生かした表現で旋律や音楽をつくるために必要な，課題や条件に沿った音の選択や組合せなどの技能を身に付けること。

第1学年　Ｂ鑑賞　(1) 鑑賞

　ア　鑑賞に関わる知識を得たり生かしたりしながら，次の(ｱ)から(ｳ)までについて自分なりに考え，音楽のよさや美しさを味わって聴くこと。

　　(ｱ)曲や演奏に対する評価とその根拠

　イ　次の(ｱ)から(ｳ)までについて理解すること。

　　(ｱ)曲想と音楽の構造との関わり

　〔共通事項〕(1)

　　（本題材の学習において，生徒の思考・判断のよりどころとなる主な音楽を形づくっている要素：「音色」，「テクスチュア」）

3 題材の評価規準

知識・技能	思考・判断・表現	主体的に学習に取り組む態度
知 音素材の特徴及び音の重なり方の特徴について表したいイメージと関わらせて理解している。（創作） 技 創意工夫を生かした表現で音楽をつくるために必要な，課題や条件に沿った音の選択や組合せなどの技能を身に付け，創作で表している。（創作） 知 曲想と音楽の構造との関わりについて理解している。 （鑑賞）	思 音色，テクスチュア（音の重なり方）を知覚し，それらの働きが生み出す特質や雰囲気を感受しながら，知覚したことと感受したこととの関わりについて考え，どのように音楽をつくるかについて思いや意図をもっている。（創作） 思 音色，テクスチュア（音の重なり方）を知覚し，それらの働きが生み出す特質や雰囲気を感受しながら，知覚したことと感受したこととの関わりについて考えるとともに，曲や演奏に対する評価とその根拠について自分なりに考え，音楽のよさや美しさを味わって聴いている。（鑑賞）	態 音色，テクスチュア（音の重なり方）の違いによる音楽が生み出す雰囲気や表情などの変化に関心をもち，音楽活動を楽しみながら主体的・協働的に創作と鑑賞の学習活動に取り組もうとしている。 （創作・鑑賞）

4 指導と評価の計画（4時間）

時	◆ねらい　○学習内容　・学習活動	知・技	思	態
		\multicolumn{3}{c}{〈　〉内は評価方法}		
1	◆曲想と音の重なり方との関わりについて理解する。 ○「手拍子のみでも音楽になる」ことを感じ取る。 ・教師が提示する手拍子の音楽を聴いたり演奏したりしながら,「リズムってどんなもの？」という問いについて考え，意見交換をする。 ○「クラッピングミュージック（S.ライヒ作曲）」の音楽の特徴を捉える。 ・「クラッピングミュージック」を聴き，気付いたことや感じ取ったことを発表し合ったり，楽譜で確認したりする。 ・「クラッピングミュージック」の冒頭部分を演奏するなどしながら，手拍子だけでできていること，同じリズム・パターンの二つの声部が規則的にずれていくことにより面白さが生み出されていることを確かめる。 ○音の重なり方が異なる3種類（ユニゾン，コール＆レスポンス風，カノン風）の2声のリズムアンサンブルの音楽それぞれの特徴を捉え，本題材の学習の見通しをもつ。 ・教師が例示する3種類の2声のリズムアンサンブルの音楽を聴いたり手拍子で演奏したりしながら，音の重なり方と感じ方の違いについて話し合い，それぞれの音の重なり方の特徴を学級で共有し，2声のアンサンブルの音楽をつくることを確認する。			

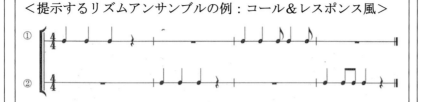

＜提示するリズムアンサンブルの例：コール＆レスポンス風＞

○再度「クラッピングミュージック」を聴き，「曲想」と「音の重なり
　方」との関わりについて理解する。
　・本時に学習したことを生かして再度「クラッピングミュージッ
　　ク」を聴き，「曲想」と「音の重なり方」との関わりについて，
　　分かったことや気付いたことをワークシートⅠに書く。

第3編
事例4

2	◆音素材の特徴及び音の重なり方の特徴について，表したいイメージと関わらせて理解する。	評価の場面〈Ⅱ〉　知（創作）〈観察〉〈ワークシートⅡ〉

○創作する際の音素材となる，手拍子，ひざ打ち，足ぶみそれぞれの
　音色の特徴を捉える。
　・手拍子，ひざ打ち，足ぶみをしながら，それぞれの奏法による音
　　色から感じ取ったことを話し合い，それぞれの音色の特徴を学級
　　で共有する。
○三つの音素材と前時に学習した3種類の音の重なり方を使って2
　声のリズムアンサンブルの音楽をつくりながら，音素材及び音の重
　なり方の特徴について，表したいイメージと関わらせて理解する。
　・三つの音素材と音の重なり方の特徴を生かして，4分の4拍子，
　　4小節の2声のリズムアンサンブルの音楽をつくる。

＜活動中の生徒の作品例＞

　・音楽をつくりながら，音素材の特徴及び音の重なり方の特徴と
　　表したいイメージとの関わりについて分かったことをワークシ
　　ートⅡに書く。

3	◆創意工夫を生かした表現で音楽をつくるために必要な，課題や条件に沿った音の選択や組合 　せなどの技能を身に付け，創作で表す。

○表したいイメージをもち，音素材や音の重なり方の特徴を生かし
　て創意工夫し，2声のリズムアンサンブルの音楽をつくる。

＜音楽をつくる際の課題や条件＞
(1) イメージについては，「二つのこと（もの）が時間の経過ととも
　に，どのように変わっていくか」ということを基に考える。
(2) 表したいイメージと関わらせながら，4分の4拍子，4～8小節
　の2声のリズムアンサンブルの音楽をつくる。
(3) 三つの音素材は全て使う。
(4) 3種類の音の重なり方のうち，二つ以上を使う。

・表したいイメージについて，実際に「2声のリズムアンサンブルの音楽」をつくる場合のイメージとはどのようなものがあるかについて考える。 <予想される，生徒が考える「表したいイメージ」の例> 　・ウサギとカメが競走している様子 　・二人の会話がだんだんと盛り上がっていく様子 　・将棋の対局が白熱していく様子 ・最初にイメージを考えてから音楽をつくるだけでなく，試行錯誤しながら音楽をつくる過程で思い付いた新たなイメージを生かしたり，イメージ自体が変わったりしてもよいことを確認する。 ・どのように音楽をつくるかについて考え，つくった音楽をワークシートⅢに書く。 ・二人一組で実際に演奏したり，意見交換をしたりしながら音楽をつくり，つくった音楽について互いに助言をする。 ・つくった音楽を発表し，学級全体で作品についての意見を出し合い，自分の作品を再度見直す。	評価の場面〈Ⅲ〉 技〈ワークシートⅢ〉	思（創作）〈観察〉〈ワークシート〉
4 ◆音色や音の重なり方の違いによる曲想の変化に関心をもち，音楽のよさや美しさを味わって聴く。 ○創作で学習した内容を生かし，音色，音の重なり方の違いによる曲想の変化に関心をもち，音楽のよさや美しさを味わって聴く。 ・手拍子や木片の音色，音の重なり方を知覚・感受しながら，「クラッピングミュージック」と「木片のための音楽（S.ライヒ作曲）」を聴く。 ・知覚・感受したことをもとに，音色や音の重なり方との関わりについて考え，意見交換をする。 ・創作分野で学習したことを踏まえて，曲想と音楽の構造との関わりを根拠に，自分なりに解釈したり価値を考えたりして，よさや美しさについての考えをワークシートに書き，発表し合う。 ・再度「クラッピングミュージック」と「木片のための音楽」を聴く。 ○題材のまとめと振り返りをする。 ・「リズムってどんなもの？」という問いについて，これまでに学習したことを基に再度考え，リズムで構成された音楽についての自分の考えの深まりや広がりについての変容を振り返り，感じたことについて学級全体で意見交換をする。	思（鑑賞）〈観察〉〈ワークシート〉	態〈観察〉〈ワークシート〉

5　観点別学習状況の評価の進め方

　ここでは，「4　評価と評価の計画」の中に示した 評価の場面〈Ⅰ〉 における「知識（鑑賞）」の評価例， 評価の場面〈Ⅱ〉 における「知識（創作）」の評価例， 評価の場面〈Ⅲ〉 における「技能」の評価例を紹介する。

（1）評価場面〈Ⅰ〉における〈知識・技能〉（「知識（鑑賞）」）の評価例
○　主な学習活動
・音の重なり方が異なる3種類の2声のリズムアンサンブルの音楽を聴いたり，実際にリズムを手拍子で演奏したりする。
・「クラッピングミュージック」を聴き，「曲想」と「音の重なり方」との関わりについて，分かったことや気付いたことをワークシートⅠに書く。

○　評価規準
　曲想と音楽の構造との関わりについて理解している。

○　評価方法及び「おおむね満足できる」状況（Ｂ）と判断するポイント
〈ワークシートⅠ〉
　「クラッピングミュージック」を聴いて分かったことや気付いたことについて，「音の重なり方」と「曲想」との関わりに触れながら，おおむね妥当な内容を書いているか。

　下記例の生徒は，「音の重なり方」と「曲想」との関わりについて，本時に学習したことを踏まえながら分かったことや気付いたことを書いている。以上のことから，「おおむね満足できる」状況（Ｂ）と判断することができる。
【ワークシートⅠの記入例】

○「クラッピングミュージック」を聴いて，「音の重なり方」と「曲想」との関わりについて，分かったことや気付いたことを書こう。

・二つの声部が同じリズムでも，音の重なり方が違うと，曲の雰囲気が変わるということが分かった。

〈観察〉
　主に，次の場面での生徒の発言やつぶやきの状況などを観察し，ワークシートの記述のみでは判断できない側面を補完できるようにする。
　・「クラッピングミュージック」を聴いたり冒頭部分を実際に演奏したりして，手拍子のみの音色で二つの声部が規則的にずれていくことにより面白さが生み出されていることに気付いていく場面
　・音の重なり方が異なる３種類の２声のアンサンブルの音楽を聴いたりリズムを手拍子で演奏したりして，音の重なり方と感じ方との関係性に気付いていく場面

○「十分満足できる」状況（Ａ）の例
　下記例の生徒は，「音の重なり方」と「曲想」との関わりについて，本時に学習したことを踏まえながら分かったことや気付いたことを，具体例を挙げて詳細に書いている。以上のことから，「十分満足できる」状況（Ａ）と判断した。
【ワークシートⅠの記入例】

・最初は，とても複雑な音の重なり方で難しい音楽だという感じだったけど，2声のリズムが同じユニゾンで始まり，規則的にずれていくという音の重なり方の法則が分かったら，二つの声部が追いかけっこしているように感じ取ることができた。

○「努力を要する」状況（Ｃ）と判断されそうな生徒への働きかけの例
　学級全体で共有したことを基に，二つの声部があることを確認し，どのように音が重なっているかについて聴くように促す。その際，音の重なり方が変化していくことに気付くことができるように楽譜の提示の仕方を工夫したり，リズムを実際に手拍子で演奏したりするなどして，どのような感じがするかについて生徒がワークシートに書くことができるようにする。

（２）　評価場面〈Ⅱ〉における〈知識・技能〉（「知識（創作）」）の評価例
○　主な学習活動
　三つの音素材と３種類の音の重なり方を使って２声のリズムアンサンブルの音楽をつくりながら，音素材及び音の重なり方の特徴について，表したいイメージと関わらせて理解したことをワークシートⅡに書く。

○ **評価規準**
　　音素材の特徴及び音の重なり方の特徴について表したいイメージと関わらせて理解している。

○ **評価方法及び「おおむね満足できる」状況（B）と判断するポイント**
　〈ワークシートⅡ〉
　　　2声のリズムアンサンブルの音楽をつくる過程において，表したいイメージと関わらせて捉えた「音素材」や「音の重なり方」の特徴について，おおむね妥当な内容を書いているか。

　　創作分野においては，技能を習得しながら音楽をつくる過程において，知識を習得していく状況が想定される。その際は，生徒が音の出し方を様々に試しながら，実感を伴って理解したことを，ワークシートの記述を基に評価する。

　　下記例の生徒は，音楽をつくる過程において，表したいイメージと関わらせて捉えた「音素材」や「音の重なり方」の特徴を書いている。以上のことから，「おおむね満足できる」状況（B）と判断することができる。

【ワークシートⅡの記入例】

○「三つの音素材」や「3種類の音の重なり方」と表したいイメージとを関わらせて，分かったことを書こう。

　・ユニゾンでも音色を変えると少し賑やかな感じになる

　・二人で交互に演奏すると会話をしているような雰囲気が出る

〈観察〉
　　三つの音素材の特徴と音の重なり方の特徴について理解しているかについては，2声のリズムアンサンブルの音楽をつくる過程で，リズム楽譜に書き表したり実際つくった音楽を二人一組で演奏したりしている際の，音素材の特徴と音の重なり方の特徴についての生徒の発言やつぶやきの状況などを観察し，ワークシートの記述のみでは判断できない側面を補完できるようにする。

○**「十分満足できる」状況（A）の例**
　　下記例の生徒は，音楽をつくる過程において，表したいイメージと関わらせて捉えた「音素材」や「音の重なり方」の特徴を，具体例を挙げながら詳細に書いている。以上のことから，「十分満足できる」状況（A）と判断した。

【ワークシートⅡの記入例】

・明るい会話にするために手拍子でコール＆レスポンス風を使ってみたが、ひざ打ちも加えることで相づちをしているような様子を表現できる。更に、細かいリズムを加えることで、一層会話が弾んだ様子を表現できる。また、同時に足ぶみを使うことで、相談事が決まったような様子を表現できる。

○**「努力を要する」状況（C）と判断されそうな生徒への働きかけの例**
　　三つの音素材や3種類の音の重なり方について実際に試すよう促し，どのような感じがしたかについて問いかけながら，学級全体で共有したことを確認する。また，音楽をつくる過程で分かったことについて対話するなどしながら，生徒が自分の言葉でワークシートに書くことができるように促す。

（3） 評価場面〈Ⅲ〉 における〈知識・技能〉（「技能」）の評価例

○　主な学習活動

表したいイメージをもち，音素材の特徴を感じ取って音の重なり方を工夫し，創意工夫を生かして２声のリズムアンサンブルの音楽をつくり，ワークシートⅢに書く。

○　評価規準

創意工夫を生かした表現で音楽をつくるために必要な，課題や条件に沿った音の選択や組合せなどの技能を身に付け，創作で表している。

○　評価方法及び「おおむね満足できる」状況（Ｂ）と判断するポイント

〈ワークシートⅢ〉

第３時に示した「音楽をつくる際の課題や条件」に沿って，表したいイメージをもち，三つの音素材の特徴を生かし，音の重なり方を工夫した２声のリズムアンサンブルの音楽をつくり，その音楽をリズム楽譜に書き表しているか。

ここでは，①「表したいイメージ」，②「表したいイメージ」と「つくった音楽」との関連について説明された内容が，つくった音楽（書き表された楽譜）から見て取れるか，という視点で評価する。

下記例の生徒は，表したいイメージをもち，三つの音素材の特徴を生かし音の重なり方を工夫して２声のリズムアンサンブルの音楽をつくってリズム楽譜に書き表しており，課題や条件に沿った音の選択や組合せができている。また，「『表したいイメージ』と『つくった音楽』との関連についての説明」と作品とがおおむね整合している。以上のことから，「おおむね満足できる」状況（Ｂ）と判断することができる。

【ワークシートⅢの記入例と４小節の作品例】

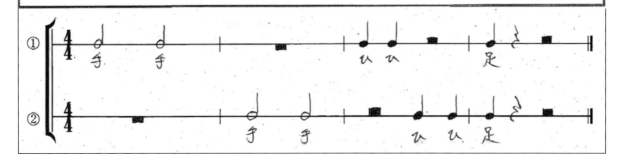

○「十分満足できる」状況（Ａ）の例

下記例の生徒は，「おおむね満足できる」状況（Ｂ）を満たした上で，「表したいイメージ」を創作で表すために，１小節目と２小節目のコール＆レスポンス風を異なるリズムにしたり，３小節目を異なるリズムで重ねたりするなど，音素材や音の重なり方の使い方が多様であり，かつ，「『表したいイメージ』と『つくった音楽』との関連についての説明」と作品とが整合している。以上のことから，「十分満足できる」状況（Ａ）と判断した。

【ワークシートⅢの記入例と４小節の作品例】

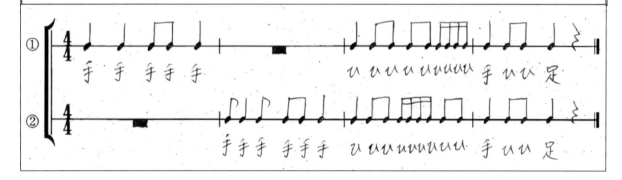

① 「表したいイメージ」： 二人の議論が白熱したが、最後は結論が出た様子。
② 「表したいイメージ」と「つくった音楽」との関連についての説明

1小節目と2小節目を手拍子のコール＆レスポンス風にして、互いの意見を熱く述べている様子を表現しました。2小節目は、違うリズムにして、意見の違いを表しました。3小節目で、ひざ打ちの細かいリズムを使ったり、違うリズムを重ねたりすることで、議論が白熱していくようにしました。4小節目は、足ぶみのユニゾンで一体感を出して、最後に議論の結論が出たことを表現しました。

○「努力を要する」状況（Ｃ）と判断されそうな生徒への働きかけの例

　表したいイメージ，表現したい思いや意図などはもっているが，三つの音素材と音の重なり方の特徴を生かして音楽をつくることが難しい場合には，実際に演奏しながら，奏法と音の重なり方を一緒に確認する。そして，表したいイメージと関連付けられるような音の組合せ方を例示するなどして，ワークシートに書くことができるよう支援する。

　表したいイメージをどのように音楽で表したらよいのかについての見通しがもてずに活動が停滞している場合には，前時までの学習を踏まえ，音素材や音の重なり方と自分の感じ方との関係性を想起できるようにする。また，つくった音楽を互いに発表し合い，気付いたことなどについて意見交換をすることで，友達の作品の特徴やよさを共有できるようにする場面で，自分の作品に生かせそうなことはないかを問うなどして，教師との対話を通して，自分の作品の見直しを図ることができるよう支援する。

○参考「生活や社会の中の音や音楽，音楽文化と豊かに関わる資質・能力」の育成に向けて

　本題材では，題材の導入と終末において「リズムってどんなもの？」と問い，自分の考えの変容や深まりを見ようとしています。ある生徒は，導入で「難しいもの。音程がないもの。」と答えていましたが，終末では「リズムは，いろいろと組み合わせることで，自分の気持ちや表したいイメージを表すことができるものだということが分かり，『リズム』への興味がわいてきた。他の音楽も，もっとリズムに注目して表現したり聴いたりしたら，いろいろな発見ができそうだと思った。」と答えていました。

　本題材の目標（3）に「音楽に対する感性を豊かにする」を示していますが，このような生徒の姿から，今後の学習や生活において，音や音楽のよさや美しさなどの質的な世界を価値あるものとして感じ取るときの心の働きが，より豊かになることが期待できます。

巻末資料

中学校音楽科における「内容のまとまりごとの評価規準（例）」

I 第1学年

1 第1学年の目標と評価の観点及びその趣旨

	（1）	（2）	（3）
目標	曲想と音楽の構造などとの関わり及び音楽の多様性について理解するとともに，創意工夫を生かした音楽表現をするために必要な歌唱，器楽，創作の技能を身に付けるようにする。	音楽表現を創意工夫することや，音楽を自分なりに評価しながらよさや美しさを味わって聴くことができるようにする。	主体的・協働的に表現及び鑑賞の学習に取り組み，音楽活動の楽しさを体験することを通して，音楽文化に親しむとともに，音楽によって生活を明るく豊かなものにしていく態度を養う。

（中学校学習指導要領 P.99）

観点	知識・技能	思考・判断・表現	主体的に学習に取り組む態度
趣旨	・曲想と音楽の構造などとの関わり及び音楽の多様性について理解している。 ・創意工夫を生かした音楽表現をするために必要な技能を身に付け，歌唱，器楽，創作で表している。	音楽を形づくっている要素や要素同士の関連を知覚し，それらの働きが生み出す特質や雰囲気を感受しながら，知覚したことと感受したこととの関わりについて考え，どのように表すかについて思いや意図をもったり，音楽を自分なりに評価しながらよさや美しさを味わって聴いたりしている。	音や音楽，音楽文化に親しむことができるよう，音楽活動を楽しみながら主体的・協働的に表現及び鑑賞の学習活動に取り組もうとしている。

（改善等通知　別紙4　P.15）

2 内容のまとまりごとの評価規準（例）

(1) 「A表現」(1)歌唱　及び　〔共通事項〕(1)

知識・技能	思考・判断・表現	主体的に学習に取り組む態度
・曲想と音楽の構造や歌詞の内容との関わりについて理解している。 ・声の音色や響き及び言葉の特性と曲種に応じた発声との関わりについて理解している。 ・創意工夫を生かした表現で歌	・音楽を形づくっている要素や要素同士の関連を知覚し，それらの働きが生み出す特質や雰囲気を感受しながら，知覚したことと感受したこととの関わりについて考え，歌唱表現を創意工夫している。	・音楽活動を楽しみながら主体的・協働的に歌唱の学習活動に取り組もうとしている。

巻末資料

知識・技能	思考・判断・表現	主体的に学習に取り組む態度
うために必要な発声,言葉の発音,身体の使い方などの技能を身に付けている。 ・創意工夫を生かし,全体の響きや各声部の声などを聴きながら他者と合わせて歌う技能を身に付けている。		

(2) 「Ａ表現」(2)器楽　及び　〔共通事項〕(1)

知識・技能	思考・判断・表現	主体的に学習に取り組む態度
・曲想と音楽の構造との関わりについて理解している。 ・楽器の音色や響きと奏法との関わりについて理解している。 ・創意工夫を生かした表現で演奏するために必要な奏法,身体の使い方などの技能を身に付けている。 ・創意工夫を生かし,全体の響きや各声部の音などを聴きながら他者と合わせて演奏する技能を身に付けている。	・音楽を形づくっている要素や要素同士の関連を知覚し,それらの働きが生み出す特質や雰囲気を感受しながら,知覚したことと感受したこととの関わりについて考え,器楽表現を創意工夫している。	・音楽活動を楽しみながら主体的・協働的に器楽の学習活動に取り組もうとしている。

(3) 「Ａ表現」(3)創作　及び　〔共通事項〕(1)

知識・技能	思考・判断・表現	主体的に学習に取り組む態度
・音のつながり方の特徴について理解している。 ・音素材の特徴及び音の重なり方や反復,変化,対照などの構成上の特徴について理解している。 ・創意工夫を生かした表現で旋律や音楽をつくるために必要な,課題や条件に沿った音の選択や組合せなどの技能を身に付けている。	・音楽を形づくっている要素や要素同士の関連を知覚し,それらの働きが生み出す特質や雰囲気を感受しながら,知覚したことと感受したこととの関わりについて考え,創作表現を創意工夫している。	・音楽活動を楽しみながら主体的・協働的に創作の学習活動に取り組もうとしている。

(4) 「Ｂ鑑賞」(1)鑑賞　及び　〔共通事項〕(1)

知識・技能	思考・判断・表現	主体的に学習に取り組む態度
・曲想と音楽の構造との関わりについて理解している。 ・音楽の特徴とその背景となる文化や歴史,他の芸術との関わりについて理解している。 ・我が国や郷土の伝統音楽及びアジア地域の諸民族の音楽の特徴と,その特徴から生まれる音楽の多様性について理解している。	・<u>音楽を形づくっている要素や要素同士の関連を知覚し,それらの働きが生み出す特質や雰囲気を感受しながら,知覚したことと感受したこととの関わりについて考えるとともに</u>,曲や演奏に対する評価とその根拠について自分なりに考え,音楽のよさや美しさを味わって聴いている。 ・(上記下線部と同様),生活や社会における音楽の意味や役割について自分なりに考え,音楽のよさや美しさを味わって聴いている。 ・(上記下線部と同様),音楽表現の共通性や固有性について自分なりに考え,音楽のよさや美しさを味わって聴いている。	・音楽活動を楽しみながら主体的・協働的に鑑賞の学習活動に取り組もうとしている。

巻末
資料

Ⅱ 第2学年及び第3学年

1 第2学年及び第3学年の目標と評価の観点及びその趣旨

	（1）	（2）	（3）
目標	曲想と音楽の構造や背景などとの関わり及び音楽の多様性について理解するとともに，創意工夫を生かした音楽表現をするために必要な歌唱，器楽，創作の技能を身に付けるようにする。	曲にふさわしい音楽表現を創意工夫することや，音楽を評価しながらよさや美しさを味わって聴くことができるようにする。	主体的・協働的に表現及び鑑賞の学習に取り組み，音楽活動の楽しさを体験することを通して，音楽文化に親しむとともに，音楽によって生活を明るく豊かなものにし，音楽に親しんでいく態度を養う。

（中学校学習指導要領 P. 101）

観点	知識・技能	思考・判断・表現	主体的に学習に取り組む態度
趣旨	・曲想と音楽の構造や背景などとの関わり及び音楽の多様性について理解している。 ・創意工夫を生かした音楽表現をするために必要な技能を身に付け，歌唱，器楽，創作で表している。	音楽を形づくっている要素や要素同士の関連を知覚し，それらの働きが生み出す特質や雰囲気を感受しながら，知覚したことと感受したこととの関わりについて考え，曲にふさわしい音楽表現としてどのように表すかについて思いや意図をもったり，音楽を評価しながらよさや美しさを味わって聴いたりしている。	音や音楽，音楽文化に親しむことができるよう，音楽活動を楽しみながら主体的・協働的に表現及び鑑賞の学習活動に取り組もうとしている。

（改善等通知　別紙4　P. 15）

2 内容のまとまりごとの評価規準（例）

(1) 「Ａ表現」(1)歌唱　及び　〔共通事項〕(1)

知識・技能	思考・判断・表現	主体的に学習に取り組む態度
・曲想と音楽の構造や歌詞の内容及び曲の背景との関わりについて理解している。 ・声の音色や響き及び言葉の特性と曲種に応じた発声との関わりについて理解している。 ・創意工夫を生かした表現で歌うために必要な発声，言葉の発	・音楽を形づくっている要素や要素同士の関連を知覚し，それらの働きが生み出す特質や雰囲気を感受しながら，知覚したことと感受したこととの関わりについて考え，曲にふさわしい歌唱表現を創意工夫している。	・音楽活動を楽しみながら主体的・協働的に歌唱の学習活動に取り組もうとしている。

知識・技能	思考・判断・表現	主体的に学習に取り組む態度
音, 身体の使い方などの技能を身に付けている。 ・創意工夫を生かし, 全体の響きや各声部の声などを聴きながら他者と合わせて歌う技能を身に付けている。		

(2) 「A表現」(2)器楽　及び　〔共通事項〕(1)

知識・技能	思考・判断・表現	主体的に学習に取り組む態度
・曲想と音楽の構造や曲の背景との関わりについて理解している。 ・楽器の音色や響きと奏法との関わりについて理解している。 ・創意工夫を生かした表現で演奏するために必要な奏法, 身体の使い方などの技能を身に付けている。 ・創意工夫を生かし, 全体の響きや各声部の音などを聴きながら他者と合わせて演奏する技能を身に付けている。	・音楽を形づくっている要素や要素同士の関連を知覚し, それらの働きが生み出す特質や雰囲気を感受しながら, 知覚したことと感受したこととの関わりについて考え, 曲にふさわしい器楽表現を創意工夫している。	・音楽活動を楽しみながら主体的・協働的に器楽の学習活動に取り組もうとしている。

(3) 「A表現」(3)創作　及び　〔共通事項〕(1)

知識・技能	思考・判断・表現	主体的に学習に取り組む態度
・音階や言葉などの特徴及び音のつながり方の特徴について理解している。 ・音素材の特徴及び音の重なり方や反復, 変化, 対照などの構成上の特徴について理解している。 ・創意工夫を生かした表現で旋律や音楽をつくるために必要な, 課題や条件に沿った音の選択や組合せなどの技能を身に付けている。	・音楽を形づくっている要素や要素同士の関連を知覚し, それらの働きが生み出す特質や雰囲気を感受しながら, 知覚したことと感受したこととの関わりについて考え, まとまりのある創作表現を創意工夫している。	・音楽活動を楽しみながら主体的・協働的に創作の学習活動に取り組もうとしている。

巻末資料

(4) 「B鑑賞」(1)鑑賞　及び　〔共通事項〕(1)

知識・技能	思考・判断・表現	主体的に学習に取り組む態度
・曲想と音楽の構造との関わりについて理解している。 ・音楽の特徴とその背景となる文化や歴史,他の芸術との関わりについて理解している。 ・我が国や郷土の伝統音楽及び諸外国の様々な音楽の特徴と,その特徴から生まれる音楽の多様性について理解している。	・<u>音楽を形づくっている要素や要素同士の関連を知覚し,それらの働きが生み出す特質や雰囲気を感受しながら,知覚したことと感受したこととの関わりについて考える</u>とともに,曲や演奏に対する評価とその根拠について考え,音楽のよさや美しさを味わって聴いている。 ・(上記下線部と同様),生活や社会における音楽の意味や役割について考え,音楽のよさや美しさを味わって聴いている。 ・(上記下線部と同様),音楽表現の共通性や固有性について考え,音楽のよさや美しさを味わって聴いている。	・音楽活動を楽しみながら主体的・協働的に鑑賞の学習活動に取り組もうとしている。

評価規準，評価方法等の工夫改善に関する調査研究について

平成 31 年 2 月 4 日　国立教育政策研究所長裁定
平成 31 年 4 月 12 日　一　　部　　改　　正

1　趣　旨

　　学習評価については，中央教育審議会初等中等教育分科会教育課程部会において「児童
生徒の学習評価の在り方について」（平成 31 年 1 月 21 日）の報告がまとめられ，新しい
学習指導要領に対応した，各教科等の評価の観点及び評価の観点に関する考え方が示され
たところである。

　　これを踏まえ，各小学校，中学校及び高等学校における児童生徒の学習の効果的，効率
的な評価に資するため，教科等ごとに，評価規準，評価方法等の工夫改善に関する調査研
究を行う。

2　調査研究事項

（1）評価規準及び当該規準を用いた評価方法に関する参考資料の作成

（2）学校における学習評価に関する取組についての情報収集

（3）上記（1）及び（2）に関連する事項

3　実施方法

　　調査研究に当たっては，教科等ごとに教育委員会関係者，教師及び学識経験者等を協力
者として委嘱し，2 の事項について調査研究を行う。

4　庶　務

　　この調査研究にかかる庶務は，教育課程研究センターにおいて処理する。

5　実施期間

　　平成 31 年 4 月 19 日～令和 2 年 3 月 31 日

巻末
資料

評価規準，評価方法等の工夫改善に関する調査研究協力者（五十音順）

（職名は平成 31 年 4 月現在）

伊野　義博　　　新潟大学教授

勝山　幸子　　　東京都港区立御成門中学校主任教諭

小林　美佳　　　山梨大学教育学部附属中学校教諭

齊藤　忠彦　　　信州大学教授

佐藤　太一　　　埼玉大学教育学部附属中学校副校長

五月女　穣　　　栃木県総合教育センター研究調査部副主幹

副島　和久　　　佐賀県教育センター副所長

辰田　真理　　　堺市立東百舌鳥中学校指導教諭

国立教育政策研究所においては，次の関係官が担当した。

臼井　　学　　　国立教育政策研究所教育課程研究センター研究開発部教育課程調査官

巻末資料

この他，本書編集の全般にわたり，国立教育政策研究所において以下の者が担当した。

笹井　弘之　　　国立教育政策研究所教育課程研究センター長

清水　正樹　　　国立教育政策研究所教育課程研究センター研究開発部副部長

髙井　　修　　　国立教育政策研究所教育課程研究センター研究開発部研究開発課長

高橋　友之　　　国立教育政策研究所教育課程研究センター研究開発部研究開発課指導係長

奥田　正幸　　　国立教育政策研究所教育課程研究センター研究開発部研究開発課指導係専門職

森　　孝博　　　国立教育政策研究所教育課程研究センター研究開発部教育課程調査官

学習指導要領等関係資料について

　学習指導要領等の関係資料は以下のとおりです。いずれも，文部科学省や国立教育政策研究所のウェブサイトから閲覧が可能です。スマートフォンなどで閲覧する際は，以下の二次元コードを読み取って，資料に直接アクセスする事が可能です。本書と合わせて是非ご覧ください。

① 学習指導要領、学習指導要領解説　等
② 中央教育審議会答申「幼稚園、小学校、中学校、高等学校及び特別支援学校の学習指導要領等の改善及び必要な方策等について」(平成28年12月21日)
③ 中央教育審議会初等中等教育分科会教育課程部会報告「児童生徒の学習評価の在り方について」(平成31年1月21日)
④ 小学校，中学校，高等学校及び特別支援学校等における児童生徒の学習評価及び指導要録の改善等について(平成31年3月29日30文科初第1845号初等中等教育局長通知)
　　　　　　　　　　　　※各教科等の評価の観点等及びその趣旨や指導要録(参考様式)は，同通知に掲載。
⑤ 学習評価の在り方ハンドブック(小・中学校編)(令和元年6月)
⑥ 学習評価の在り方ハンドブック(高等学校編)(令和元年6月)
⑦ 平成29年改訂の小・中学校学習指導要領に関するQ&A
⑧ 平成30年改訂の高等学校学習指導要領に関するQ&A
⑨ 平成29・30年改訂の学習指導要領下における学習評価に関するQ&A

①　　　　　　　　②　　　　　　　　③

④　　　　　　　　⑤　　　　　　　　⑥

⑦　　　　　　　　⑧　　　　　　　　⑨

学習評価の
在り方
ハンドブック

小・中学校編

文部科学省　国立教育政策研究所教育課程研究センター

学習指導要領

学習指導要領とは，国が定めた「教育課程の基準」です。

（学校教育法施行規則第52条, 74条, 84条及び129条等より）

小学校
学習指導要領（平成29年告示）
平成29年3月 告示
文部科学省

中学校
学習指導要領（平成29年告示）
平成29年3月 告示
文部科学省

高等学校
学習指導要領（平成30年告示）
平成30年3月 告示
文部科学省

特別支援学校
幼稚部教育要領
小学部・中学部学習指導要領
平成29年4月 告示
文部科学省

特別支援学校
高等部学習指導要領
平成31年2月 告示
文部科学省

■学習指導要領の構成
〈小学校の例〉

前文
第1章　総則
第2章　各教科
　　　　第1節　国語
　　　　第2節　社会
　　　　第3節　算数
　　　　第4節　理科
　　　　第5節　生活
　　　　第6節　音楽
　　　　第7節　図画工作
　　　　第8節　家庭
　　　　第9節　体育
　　　　第10節　外国語
第3章　特別の教科 道徳
第4章　外国語活動
第5章　総合的な学習の時間
第6章　特別活動

総則は，以下の項目で整理され，全ての教科等に共通する事項が記載されています。

- 第1　小学校教育の基本と教育課程の役割
- 第2　教育課程の編成
- 第3　教育課程の実施と学習評価
- 第4　児童の発達の支援
- 第5　学校運営上の留意事項
- 第6　道徳教育に関する配慮事項

> 学習評価の実施に当たっての配慮事項

各教科等の目標, 内容等が記載されています。

（例）第1節　国語

- 第1　目標
- 第2　各学年の目標及び内容
- 第3　指導計画の作成と内容の取扱い

平成29年改訂学習指導要領の各教科等の目標や内容は，教育課程全体を通して育成を目指す資質・能力の三つの柱に基づいて再整理されています。

ア　何を理解しているか，何ができるか
　　（生きて働く「知識・技能」の習得）
イ　理解していること・できることをどう使うか（未知の状況にも対応できる「思考力・判断力・表現力等」の育成）
ウ　どのように社会・世界と関わり，よりよい人生を送るか
　　（学びを人生や社会に生かそうとする「学びに向かう力・人間性等」の涵養）

平成29年改訂「小学校学習指導要領」より
※中学校もおおむね同様の構成です。

詳しくは，文部科学省Webページ「学習指導要領のくわしい内容」をご覧ください。
(http://www.mext.go.jp/a_menu/shotou/new-cs/1383986.htm)

学習指導要領解説

　学習指導要領解説とは，大綱的な基準である学習指導要領の記述の意味や解釈などの詳細について説明するために，文部科学省が作成したものです。

■学習指導要領解説の構成
〈小学校 国語編の例〉

- ●第1章　総説
  - 1　改訂の経緯及び基本方針
  - 2　国語科の改訂の趣旨及び要点

> 総説
> 改訂の経緯及び
> 基本方針

- ●第2章　国語科の目標及び内容
  - 第1節　国語科の目標
    - 1　教科の目標
    - 2　学年の目標
  - 第2節　国語科の内容
    - 1　内容の構成
    - 2　〔知識及び技能〕の内容
    - 3　〔思考力，判断力，表現力等〕の内容

- ●第3章　各学年の内容
  - 第1節　第1学年及び第2学年の内容
    - 1　〔知識及び技能〕
    - 2　〔思考力，判断力，表現力等〕
  - 第2節　第3学年及び第4学年の内容
    - 1　〔知識及び技能〕
    - 2　〔思考力，判断力，表現力等〕
  - 第3節　第5学年及び第6学年の内容
    - 1　〔知識及び技能〕
    - 2　〔思考力，判断力，表現力等〕

- ●第4章　指導計画の作成と内容の取扱い
  - 1　指導計画作成上の配慮事項
  - 2　内容の取扱いについての配慮事項
  - 3　教材についての配慮事項

> 教科等の目標
> 及び内容の概要

> 学年や
> 分野ごとの内容

> 指導計画作成や
> 内容の取扱いに係る配慮事項

- ●付録
  - 付録1：学校教育施行規則（抄）
  - 付録2：小学校学習指導要領　第1章　総則
  - 付録3：小学校学習指導要領　第2章　第1節　国語
  - 付録4：教科の目標，各学年の目標及び内容の系統表
    　　　　（小・中学校国語科）
  - 付録5：中学校学習指導要領　第2章　第1節　国語
  - 付録6：小学校学習指導要領　第2章　第10節　外国語
  - 付録7：小学校学習指導要領　第4章　外国語活動
  - 付録8：小学校学習指導要領　第3章　特別の教科　道徳
  - 付録9：「道徳の内容」の学年段階・学校段階の一覧表
  - 付録10：幼稚園教育要領

> 参考
> （系統性等）

「小学校学習指導要領解説 国語編」より

※中学校もおおむね同様の構成です。「総則編」「総合的な学習の時間編」及び「特別活動編」は異なった構成となっています。

> ## 教師は，学習指導要領で定めた資質・能力が，児童生徒に確実に育成されているかを評価します

学習評価の基本的な考え方

　学習評価は,学校における教育活動に関し,児童生徒の学習状況を評価するものです。「児童生徒にどういった力が身に付いたか」という学習の成果を的確に捉え,**教師が指導の改善を図る**とともに,**児童生徒自身が自らの学習を振り返って次の学習に向かうことができるようにする**ためにも,学習評価の在り方は重要であり,教育課程や学習・指導方法の改善と一貫性のある取組を進めることが求められます。

カリキュラム・マネジメントの一環としての指導と評価

　各学校は,日々の授業の下で児童生徒の学習状況を評価し,その結果を児童生徒の学習や教師による指導の改善や学校全体としての教育課程の改善,校務分掌を含めた組織運営等の改善に生かす中で,学校全体として組織的かつ計画的に教育活動の質の向上を図っています。

　このように,「学習指導」と「学習評価」は学校の教育活動の根幹であり,教育課程に基づいて組織的かつ計画的に教育活動の質の向上を図る「カリキュラム・マネジメント」の中核的な役割を担っています。

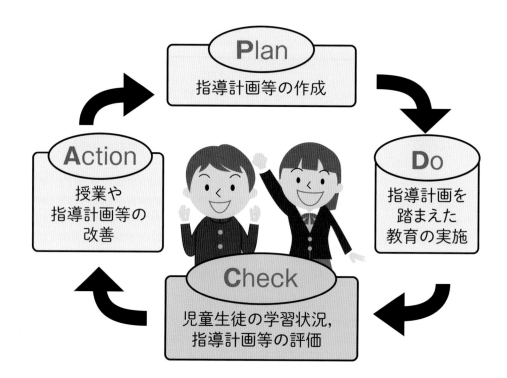

主体的・対話的で深い学びの視点からの授業改善と評価

　指導と評価の一体化を図るためには,児童生徒一人一人の学習の成立を促すための評価という視点を一層重視することによって,教師が自らの指導のねらいに応じて授業の中での児童生徒の学びを振り返り,学習や指導の改善に生かしていくというサイクルが大切です。平成29年改訂学習指導要領で重視している「主体的・対話的で深い学び」の視点からの授業改善を通して,各教科等における資質・能力を確実に育成する上で,学習評価は重要な役割を担っています。

- ☑ 教師の指導改善に
  つながるものにしていくこと

- ☑ 児童生徒の学習改善に
  つながるものにしていくこと

- ☑ これまで慣行として行われてきたことでも，
  必要性・妥当性が認められないものは
  見直していくこと

次の授業では
○○を重点的に
指導しよう。

○○のところは
もっと〜した方が
よいですね。

詳しくは，平成31年3月29日文部科学省初等中等教育局長通知「小学校,中学校,高等学校及び特別支援学校等における児童生徒の学習評価及び指導要録の改善等について（通知）」をご覧ください。
(http://www.mext.go.jp/b_menu/hakusho/nc/1415169.htm)

コラム　　　　評価に戸惑う児童生徒の声

「先生によって観点の重みが違うんです。授業態度をとても重視する先生もいるし，テストだけで判断するという先生もいます。そうすると，どう努力していけばよいのか本当に分かりにくいんです。」（中央教育審議会初等中等教育分科会教育課程部会 児童生徒の学習評価に関するワーキンググループ第7回における高等学校3年生の意見より）

あくまでこれは一部の意見ですが，学習評価に対する児童生徒のこうした意見には，適切な評価を求める切実な思いが込められています。そのような児童生徒の声に応えるためにも，教師は，児童生徒への学習状況のフィードバックや，授業改善に生かすという評価の機能を一層充実させる必要があります。教師と児童生徒が共に納得する学習評価を行うためには，評価規準を適切に設定し，評価の規準や方法について，教師と児童生徒及び保護者で共通理解を図るガイダンス的な機能と，児童生徒の自己評価と教師の評価を結び付けていくカウンセリング的な機能を充実させていくことが重要です。

Column

学習評価の基本構造

　平成29年改訂で, 学習指導要領の目標及び内容が資質・能力の三つの柱で再整理されたことを踏まえ, 各教科における観点別学習状況の評価の観点については,「知識・技能」,「思考・判断・表現」,「主体的に学習に取り組む態度」の3観点に整理されています。

「学びに向かう力, 人間性等」には
①「主体的に学習に取り組む態度」として観点別評価（学習状況を分析的に捉える）を通じて見取ることができる部分と,
②観点別評価や評定にはなじまず, こうした評価では示しきれないことから個人内評価を通じて見取る部分があります。

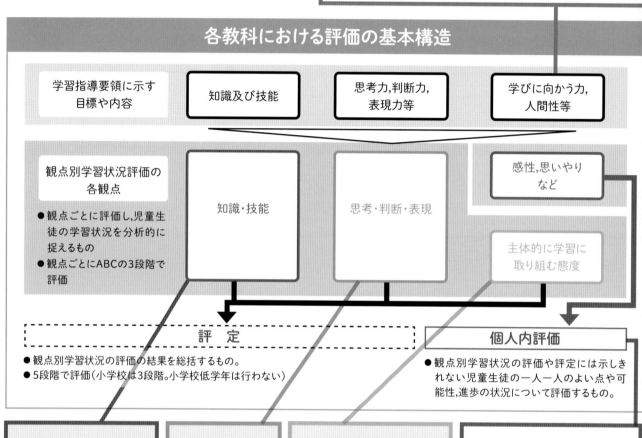

各教科における評価の基本構造

学習指導要領に示す目標や内容	知識及び技能	思考力,判断力,表現力等	学びに向かう力,人間性等

観点別学習状況評価の各観点
- 観点ごとに評価し, 児童生徒の学習状況を分析的に捉えるもの
- 観点ごとにABCの3段階で評価

知識・技能　／　思考・判断・表現　／　感性,思いやりなど　／　主体的に学習に取り組む態度

評定
- 観点別学習状況の評価の結果を総括するもの。
- 5段階で評価（小学校は3段階。小学校低学年は行わない）

個人内評価
- 観点別学習状況の評価や評定には示しきれない児童生徒の一人一人のよい点や可能性,進歩の状況について評価するもの。

　各教科等における学習の過程を通した知識及び技能の習得状況について評価を行うとともに, それらを既有の知識及び技能と関連付けたり活用したりする中で, 他の学習や生活の場面でも活用できる程度に概念等を理解したり, 技能を習得したりしているかを評価します。

　各教科等の知識及び技能を活用して課題を解決する等のために必要な思考力, 判断力, 表現力等を身に付けているかどうかを評価します。

　知識及び技能を獲得したり, 思考力, 判断力, 表現力等を身に付けたりするために, 自らの学習状況を把握し, 学習の進め方について試行錯誤するなど自らの学習を調整しながら, 学ぼうとしているかどうかという意思的な側面を評価します。

　個人内評価の対象となるものについては, 児童生徒が学習したことの意義や価値を実感できるよう, 日々の教育活動等の中で児童生徒に伝えることが重要です。特に,「学びに向かう力, 人間性等」のうち「感性や思いやり」など児童生徒一人一人のよい点や可能性, 進歩の状況などを積極的に評価し児童生徒に伝えることが重要です。

　詳しくは, 平成31年1月21日文部科学省中央教育審議会初等中等教育分科会教育課程部会「児童生徒の学習評価の在り方について（報告）」をご覧ください。
（http://www.mext.go.jp/b_menu/shingi/chukyo/chukyo3/004/gaiyou/1412933.htm）

学習評価の基本構造

特別の教科 道徳, 外国語活動, 総合的な学習の時間及び特別活動の評価について

特別の教科 道徳, 外国語活動(小学校のみ), 総合的な学習の時間, 特別活動についても, 学習指導要領で示したそれぞれの目標や特質に応じ, 適切に評価します。なお, 道徳科の評価は, 入学者選抜の合否判定に活用することのないようにする必要があります。

特別の教科 道徳(道徳科)

児童生徒の人格そのものに働きかけ, 道徳性を養うことを目標とする道徳科の評価としては, 観点別評価は妥当ではありません。授業において児童生徒に考えさせることを明確にして, 「道徳的諸価値についての理解を基に, 自己を見つめ, 物事を(広い視野から)多面的・多角的に考え, 自己の(人間としての)生き方についての考えを深める」という学習活動における児童生徒の具体的な取組状況を, 一定のまとまりの中で, 児童生徒が学習の見通しを立てたり学習したことを振り返ったりする活動を適切に設定しつつ, 学習活動全体を通して見取ります。

外国語活動(小学校のみ)

評価の観点については, 学習指導要領に示す「第1目標」を踏まえ, 右の表を参考に設定することとしています。この3つの観点に則して児童の学習状況を見取ります。

知識・技能	思考・判断・表現	主体的に学習に取り組む態度
●外国語を通して, 言語や文化について体験的に理解を深めている。 ●日本語と外国語の音声の違い等に気付いている。 ●外国語の音声や基本的な表現に慣れ親しんでいる。	身近で簡単な事柄について, 外国語で聞いたり話したりして自分の考えや気持ちなどを伝え合っている。	外国語を通して, 言語やその背景にある文化に対する理解を深め, 相手に配慮しながら, 主体的に外国語を用いてコミュニケーションを図ろうとしている。

総合的な学習の時間

評価の観点については, 学習指導要領に示す「第1目標」を踏まえ, 各学校において具体的に定めた目標, 内容に基づいて, 右の表を参考に定めることとしています。この3つの観点に則して児童生徒の学習状況を見取ります。

知識・技能	思考・判断・表現	主体的に学習に取り組む態度
探究的な学習の過程において, 課題の解決に必要な知識や技能を身に付け, 課題に関わる概念を形成し, 探究的な学習のよさを理解している。	実社会や実生活の中から問いを見いだし, 自分で課題を立て, 情報を集め, 整理・分析して, まとめ・表現している。	探究的な学習に主体的・協働的に取り組もうとしているとともに, 互いのよさを生かしながら, 積極的に社会に参画しようとしている。

特別活動

特別活動の特質と学校の創意工夫を生かすということから, 設置者ではなく, 各学校が評価の観点を定めることとしています。その際, 学習指導要領に示す特別活動の目標や学校として重点化した内容を踏まえ, 例えば以下のように, 具体的に観点を示すことが考えられます。

特別活動の記録								
内容	観点＼学年		1	2	3	4	5	6
学級活動	よりよい生活を築くための知識・技能		○		○	○	○	
児童会活動	集団や社会の形成者としての思考・判断・表現			○	○		○	
クラブ活動	主体的に生活や人間関係をよりよくしようとする態度					○		
学校行事				○		○	○	

各学校で定めた観点を記入した上で, 内容ごとに, 十分満足できる状況にあると判断される場合に, ○印を記入します。

○印をつけた具体的な活動の状況等については, 「総合所見及び指導上参考となる諸事項」の欄に簡潔に記述することで, 評価の根拠を記録に残すことができます。

小学校児童指導要録(参考様式)様式2の記入例(5年生の例)

なお, 特別活動は学級担任以外の教師が指導する活動が多いことから, 評価体制を確立し, 共通理解を図って, 児童生徒のよさや可能性を多面的・総合的に評価するとともに, 確実に資質・能力が育成されるよう指導の改善に生かすことが求められます。

観点別学習状況の評価について

　観点別学習状況の評価とは，学習指導要領に示す目標に照らして，その実現状況がどのようなものであるかを，観点ごとに評価し，児童生徒の学習状況を分析的に捉えるものです。

▌「知識・技能」の評価の方法

　「知識・技能」の評価の考え方は，従前の評価の観点である「知識・理解」，「技能」においても重視してきたところです。具体的な評価方法としては，例えばペーパーテストにおいて，事実的な知識の習得を問う問題と，知識の概念的な理解を問う問題とのバランスに配慮するなどの工夫改善を図る等が考えられます。また，児童生徒が文章による説明をしたり，各教科等の内容の特質に応じて，観察・実験をしたり，式やグラフで表現したりするなど実際に知識や技能を用いる場面を設けるなど，多様な方法を適切に取り入れていくこと等も考えられます。

▌「思考・判断・表現」の評価の方法

　「思考・判断・表現」の評価の考え方は，従前の評価の観点である「思考・判断・表現」においても重視してきたところです。具体的な評価方法としては，ペーパーテストのみならず，論述やレポートの作成，発表，グループや学級における話合い，作品の制作や表現等の多様な活動を取り入れたり，それらを集めたポートフォリオを活用したりするなど評価方法を工夫することが考えられます。

▌「主体的に学習に取り組む態度」の評価の方法

　具体的な評価方法としては，ノートやレポート等における記述，授業中の発言，教師による行動観察や，児童生徒による自己評価や相互評価等の状況を教師が評価を行う際に考慮する材料の一つとして用いることなどが考えられます。その際，各教科等の特質に応じて，児童生徒の発達の段階や一人一人の個性を十分に考慮しながら，「知識・技能」や「思考・判断・表現」の観点の状況を踏まえた上で，評価を行う必要があります。

「主体的に学習に取り組む態度」の評価のイメージ

○「主体的に学習に取り組む態度」の評価については、①知識及び技能を獲得したり、思考力、判断力、表現力等を身に付けたりすることに向けた粘り強い取組を行おうとする側面と、②①の粘り強い取組を行う中で、自らの学習を調整しようとする側面、という二つの側面から評価することが求められる。

○これら①②の姿は実際の教科等の学びの中では別々ではなく相互に関わり合いながら立ち現れるものと考えられる。例えば、自らの学習を全く調整しようとせず粘り強く取り組み続ける姿や、粘り強さが全くない中で自らの学習を調整する姿は一般的ではない。

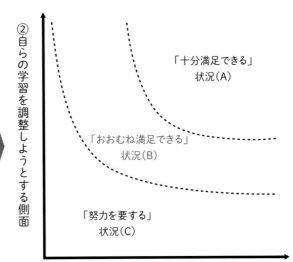

② 自らの学習を調整しようとする側面

「十分満足できる」
状況（A）

「おおむね満足できる」
状況（B）

「努力を要する」
状況（C）

①粘り強い取組を行おうとする側面

　ここでの評価は、その学習の調整が「適切に行われるか」を必ずしも判断するものではなく、学習の調整が知識及び技能の習得などに結びついていない場合には、教師が学習の進め方を適切に指導することが求められます。

「自らの学習を調整しようとする側面」とは…

　自らの学習状況を把握し、学習の進め方について試行錯誤するなどの意思的な側面のことです。評価に当たっては、児童生徒が自らの理解の状況を振り返ることができるような発問の工夫をしたり、自らの考えを記述したり話し合ったりする場面、他者との協働を通じて自らの考えを相対化する場面を、単元や題材などの内容のまとまりの中で設けたりするなど、「主体的・対話的で深い学び」の視点からの授業改善を図る中で、適切に評価できるようにしていくことが重要です。

コラム

「主体的に学習に取り組む態度」は、「関心・意欲・態度」と同じ趣旨ですが…
～こんなことで評価をしていませんでしたか？～

　平成31年1月21日文部科学省中央教育審議会初等中等教育分科会教育課程部会「児童生徒の学習評価の在り方について（報告）」では、学習評価について指摘されている課題として、「関心・意欲・態度」の観点について「学校や教師の状況によっては、挙手の回数や毎時間ノートを取っているかなど、性格や行動面の傾向が一時的に表出された場面を捉える評価であるような誤解が払拭し切れていない」ということが指摘されました。これを受け、従来から重視されてきた各教科等の学習内容に関心をもつことのみならず、よりよく学ぼうとする意欲をもって学習に取り組む態度を評価するという趣旨が改めて強調されました。

Column

学習評価の充実

学習評価の妥当性,信頼性を高める工夫の例

- 評価規準や評価方法について,事前に教師同士で検討するなどして明確にすること,評価に関する実践事例を蓄積し共有していくこと,評価結果についての検討を通じて評価に係る教師の力量の向上を図ることなど,学校として組織的かつ計画的に取り組む。
- 学校が児童生徒や保護者に対し,評価に関する仕組みについて事前に説明したり,評価結果について丁寧に説明したりするなど,評価に関する情報をより積極的に提供し児童生徒や保護者の理解を図る。

評価時期の工夫の例

- 日々の授業の中では児童生徒の学習状況を把握して指導に生かすことに重点を置きつつ,各教科における「知識・技能」及び「思考・判断・表現」の評価の記録については,原則として単元や題材などのまとまりごとに,それぞれの実現状況が把握できる段階で評価を行う。
- 学習指導要領に定められた各教科等の目標や内容の特質に照らして,複数の単元や題材などにわたって長期的な視点で評価することを可能とする。

学年や学校間の円滑な接続を図る工夫の例

- 「キャリア・パスポート」を活用し,児童生徒の学びをつなげることができるようにする。
- 小学校段階においては,幼児期の教育との接続を意識した「スタートカリキュラム」を一層充実させる。
- 高等学校段階においては,入学者選抜の方針や選抜方法の組合せ,調査書の利用方法,学力検査の内容等について見直しを図ることが考えられる。

評価方法の工夫の例

全国学力・学習状況調査
(問題や授業アイディア例)を参考にした例

平成19年度より毎年行われている全国学力・学習状況調査では,知識及び技能等を実生活の様々な場面に活用する力や,様々な課題解決のための構想を立て実践し評価・改善する力などに関わる内容の問題が出題されています。

全国学力・学習状況調査の解説資料や報告書,授業アイディア例を参考にテストを作成したり,授業を工夫したりすることもできます。

詳しくは,国立教育政策研究所Webページ「全国学力・学習状況調査」をご覧ください。
(http://www.nier.go.jp/kaihatsu/zenkokugakuryoku.html)

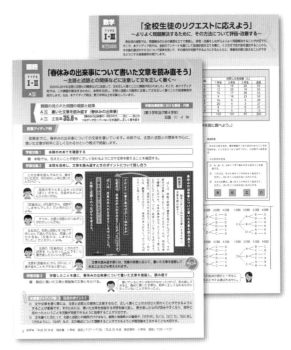

授業アイディア例

評価の方法の共有で働き方改革

ペーパーテスト等のみにとらわれず,一人一人の学びに着目して評価をすることは,教師の負担が増えることのように感じられるかもしれません。しかし,児童生徒の学習評価は教育活動の根幹であり,「カリキュラム・マネジメント」の中核的な役割を担っています。その際,助けとなるのは,教師間の協働と共有です。

評価の方法やそのためのツールについての悩みを一人で抱えることなく,学校全体や他校との連携の中で,計画や評価ツールの作成を分担するなど,これまで以上に協働と共有を進めれば,教師一人当たりの量的・時間的・精神的な負担の軽減につながります。風通しのよい評価体制を教師間で作っていくことで,評価方法の工夫改善と働き方改革にもつながります。

「指導と評価の一体化の取組状況」

A:学習評価を通じて,学習評価のあり方を見直すことや個に応じた指導の充実を図るなど,指導と評価の一体化に学校全体で取り組んでいる。

B:指導と評価の一体化の取組は,教師個人に任されている。

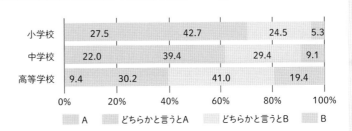

（平成29年度文部科学省委託調査「学習指導と学習評価に対する意識調査」より）

Q & A －先生方の質問にお答えします－

Q1 1回の授業で，3つの観点全てを評価しなければならないのですか。

A. 学習評価については，日々の授業の中で児童生徒の学習状況を適宜把握して指導の改善に生かすことに重点を置くことが重要です。したがって観点別学習状況の評価の記録に用いる評価については，毎回の授業ではなく原則として単元や題材などの内容や時間のまとまりごとに，それぞれの実現状況を把握できる段階で行うなど，その場面を精選することが重要です。

Q2 「十分満足できる」状況（A）はどのように判断したらよいのですか。

A. 各教科において「十分満足できる」状況（A）と判断するのは，評価規準に照らし，児童生徒が実現している学習の状況が質的な高まりや深まりをもっていると判断される場合です。「十分満足できる」状況（A）と判断できる児童生徒の姿は多様に想定されるので，学年会や教科部会等で情報を共有することが重要です。

Q3 指導要録の文章記述欄が多く，かなりの時間を要している現状を解決できませんか。

A. 本来，学習評価は日常の指導の場面で，児童生徒本人へフィードバックを行う機会を充実させるとともに，通知表や面談などの機会を通して，保護者との間でも評価に関する情報共有を充実させることが重要です。このため，指導要録における文章記述欄については，例えば，「総合所見及び指導上参考となる諸事項」については，要点を箇条書きとするなど，必要最小限のものとなるようにしました。また，小学校第3学年及び第4学年における外国語活動については，記述欄を簡素化した上で，評価の観点に即して，児童の学習状況に顕著な事項がある場合などにその特徴を記入することとしました。

Q4 評定以外の学習評価についても保護者の理解を得るにはどのようにすればよいのでしょうか。

A. 保護者説明会等において，学習評価に関する説明を行うことが効果的です。各教科等における成果や課題を明らかにする「観点別学習状況の評価」と，教育課程全体を見渡した学習状況を把握することが可能な「評定」について，それぞれの利点や，上級学校への入学者選抜に係る調査書のねらいや活用状況を明らかにすることは，保護者との共通理解の下で児童生徒への指導を行っていくことにつながります。

Q5 障害のある児童生徒の学習評価について，どのようなことに配慮すべきですか。

A. 学習評価に関する基本的な考え方は，障害のある児童生徒の学習評価についても変わるものではありません。このため，障害のある児童生徒については，特別支援学校等の助言または援助を活用しつつ，個々の児童生徒の障害の状態等に応じた指導内容や指導方法の工夫を行い，その評価を適切に行うことが必要です。また，指導要録の通級による指導に関して記載すべき事項が個別の指導計画に記載されている場合には，その写しをもって指導要録への記入に替えることも可能としました。

文部科学省
国立教育政策研究所
NIER National Institute for Educational Policy Research

令和元年6月
文部科学省　国立教育政策研究所教育課程研究センター
〒100-8951 東京都千代田区霞が関3丁目2番2号　TEL 03-6733-6833（代表）

「指導と評価の一体化」のための
学習評価に関する参考資料
【中学校　音楽】

令和 2 年 6 月 27 日	初版発行
令和 5 年 6 月 9 日	9 版発行

著作権所有	国立教育政策研究所 教育課程研究センター
発 行 者	東京都千代田区神田錦町 2 丁目 9 番 1 号 コンフォール安田ビル 2 階 株式会社　東洋館出版社 代表者　錦織　圭之介
印 刷 者	大阪市住之江区中加賀屋 4 丁目 2 番 10 号 岩岡印刷株式会社

発 行 所	東京都千代田区神田錦町 2 丁目 9 番 1 号 コンフォール安田ビル 2 階 株式会社　東洋館出版社 電話　03-6778-7278

ISBN978-4-491-04136-0　　　　定価：本体 900 円
（税込 990 円）税 10%